REPORT ON TRANSPORTATION DEVELOPMENT IN CHINA

中国交通运输发展报告

（2016）

国家发展和改革委员会◎编著

中国市场出版社
China Market Press
·北 京·

图书在版编目（CIP）数据

中国交通运输发展报告（2016）/国家发展和改革委员会编著. —北京：中国市场出版社，2016.12

ISBN 978-7-5092-1535-7

Ⅰ.①中… Ⅱ.①国… Ⅲ.①交通运输-研究报告-中国-2016 Ⅳ.①F572

中国版本图书馆 CIP 数据核字（2016）第 298060 号

中国交通运输发展报告（2016）

ZHONGGUO JIAOTONG YUNSHU FAZHAN BAOGAO 2016

编　　著　国家发展和改革委员会
责任编辑　许　慧（xu_hui1985@126.com）
出版发行　中国市场出版社 China Market Press
社　　址　北京市月坛北小街 2 号院 3 号楼
电　　话　编 辑 部（010）68012468　读者服务部（010）68022950
发 行 部（010）68021338　68020340　68053489
68024335　68033577　68033539
总 编 室（010）68020336
盗版举报（010）68020336
经　　销　新华书店
印　　刷　河北鑫宏源印刷包装有限责任公司
规　　格　170 mm×240 mm　16 开本
印　　张　13.75　　**字　　数**　170 千字
版　　次　2016 年 12 月第 1 版　　**印　　次**　2016 年 12 月第 1 次印刷
书　　号　ISBN 978-7-5092-1535-7
定　　价　98.00 元

本书编委会

PREFACE

前　言

《中国交通运输发展报告》（以下简称《年度报告》）由国家发展改革委基础产业司与综合运输研究所联合编写，融数据文献的资料性与分析研究的学术性于一体。我们编写《年度报告》的基本出发点是使相关机构和个人了解交通运输发展的年度基本概况。在编写前期阶段，我们深入分析了类似行业年度报告的特点，在此基础上明确了本报告的主要框架和内容，突出如下特点：

一是研究范围的综合性。既有的交通运输行业年度报告多是基于行业管理部门工作或单一运输方式。《年度报告》突破行业部门和单一运输方式界限，是对交通运输行业的全景式、综合性分析。

二是资料内容的全面性。全面总结和展现上一年度交通运输发展情况，既包括体现发展的统计数据资料，也包括体现改革的交通政策等文献性资料，是研究交通运输发展和改革历程的必备工具。

三是报告内容的观点性。《年度报告》基于数据和资料，在对上一年度交通运输发展和改革综合性研究分析的基础上，提出对本年度发展趋势的判断。

《年度报告》（2016）是首部报告，由新中国成立以来交通运输发展历程、交通运输回顾与展望、交通运输重大问题研究和附录共四部分构成。第一部分“新中国成立以来交通运输发展历程”篇，回顾了新中国成立以来交通运输发展历程，分为新中国成立初期至“十五”时期、“十一五”时期两个阶段展开论述，其目的是从历史发展的维度梳理我国交通运输发展的总体情况；第二部分“交通运输回顾与展望”篇，是报告的主体，由“发展成就”、“改革政策”、“交通建设”、“区域发展”、“发展展望”等内容组成，全面客观地总结了我国交通运输领域发展现状，并对2016年趋势进行展望分析，同时，由于2015年是“十二五”的收官之年，《年度报告》（2016）对“十二五”发展情况进行了系统总结，并对“十三五”发展趋势进行展望；第三部分“交通运输重大问题研究”篇，主要反映上一年度基础产业司与综合运输研究所开展的前瞻性研究课题成果，其中部分研究成果为交通政策制定提供了研究支撑；第四部分“附录”篇，收录了交通运输行业的主要统计数据和上一年出台的重要政策文件。

《年度报告》（2016）的编写得到了地方发展改革部门的大力支持，他们及时认真地提供了本地区的统计数据和素材，是本报告顺利完成的重要基础。

本报告系统、客观、全面地总结了2015年交通运输发展的基本情况，分析其特点，探讨交通运输发展的趋势，可以为各级政府部门、研究机构和交通运输企业提供重要参考，也是社会各界了解中国交通运输行业发展状况的重要读物。囿于时间、水平，加上编写人员收集资料有一定的局限性，缺陷与错误在所难免，敬请广大读者批评指正。我们今后会加倍努力，把《年度报告》越办越好。

CONTENTS

目　录

引　言　强化支撑引领　提升供给服务

更高起点更高质量谋划“十三五”交通运输发展　001

第一部分　新中国成立以来交通运输发展历程

第一章　新中国成立至“十五”时期交通运输发展　021

一、交通网络规模和质量不断改善　022

二、旅客运输快速化发展持续推进　023

三、装备和技术发展水平明显提升　023

四、综合运输统筹规划理念逐步加强　024

五、多元建设投资模式探索发展　024

六、交通运输市场体系加快构建　026

第二章 “十一五”时期交通运输发展 027

一、综合性通道和枢纽成为建设重点 027
二、交通运输技术装备实现跨越发展 029
三、交通运输服务能力水平整体提升 029
四、综合交通运输规划体系逐步建立 030
五、投融资体制机制改革继续深化 031
六、综合交通管理体制构建取得进展 032

第二部分 交通运输回顾与展望

第三章 发展成就 035

一、“十二五”时期主要发展成就 035
二、2015 年度主要发展成就 052

第四章 改革政策 061

一、综述 061
二、重大规划和政策 068
三、述评 073

第五章 交通建设 078

一、综述 078
二、交通建设情况 079
三、述评及展望 086

第六章 区域发展 103

一、综述 103
二、各个区域的交通发展情况 105
三、述评 141

第七章 发展展望 148

一、2016年交通运输发展形势 148
二、"十三五"交通运输发展方向 150

第三部分 交通运输重大问题研究

第八章 重要课题摘要 157

一、"十三五"交通运输面临形势研究 157
二、"十三五"交通运输发展思路研究 158
三、城镇化地区综合交通网规划研究 159
四、发展低碳交通的措施和建议研究 160
五、交通投融资——政企合作（PPP）研究 161
六、社会资本投资铁路建设政策研究 162
七、适应新型城镇化建设的城市轨道交通发展研究 163
八、促进集装箱铁水联运的政策研究 164
九、铁路中长期发展研究 165
十、城市市郊铁路发展研究 166
十一、我国公路管理体制改革前期研究 167
十二、普通国道发展政策研究 167

十三、新时期我国农村公路发展问题及政策研究 168
十四、交通运输结构变动规律和发展趋势研究 169
十五、我国春运有关问题研究 170

第四部分 附 录

附录一 主要统计数据 175
附录二 重要文件 180

引　言

强化支撑引领　提升供给服务 更高起点更高质量谋划 “十三五”交通运输发展

“十三五”时期是我国全面建成小康社会的决胜阶段，必须认真贯彻党中央国务院决策部署，准确把握国内外发展环境和条件的深刻变化，围绕转型升级、提质增效，着力推进交通运输网络化、一体化、智能化、绿色化发展，加快交通运输现代化进程。

一、准确把握新常态下交通发展新要求

适应把握引领新常态，是当前和今后一个时期我国经济发展的大逻辑，这是党中央、国务院综合分析世界经济长周期和我国发展阶段性特征及其相互作用做出的重大判断，也是我们研究谋划交通

发展的逻辑基点。要在正确认识我国交通发展所处阶段和面临挑战的基础上，客观分析新常态下交通发展的新要求。

（一）正确认识我国交通发展阶段和存在的不足

2015 年我国交通运输发展主要目标的实现，标志着《“十二五”综合交通运输体系规划》顺利收官。我们判断，当前我国交通运输整体实力和发展水平已经迈上新的台阶，总体适应经济社会发展的需要，步入提质增效、动力转换、支撑引领的关键时期。但由于多方面因素影响和国内外环境条件的变化，交通运输发展仍然面临一些突出矛盾和问题，必须高度重视。

1. 交通运输结构性矛盾存在

交通资源配置不尽合理，区域间、方式间、方式内发展不平衡，先进设施与落后产能并存，一流设备与滞后组织同在，交通运输结构性矛盾依然突出，有效供给依然不足，存在薄弱环节、发展短板、瓶颈制约的同时，部分区域、部分领域也出现了“产能过剩”的问题。中西部地区总体落后，无论是网络覆盖面、连通度，还是技术标准都总体偏低。农村地区尤其是集中连片特殊困难地区交通“瓶颈”问题依然突出，对外联系通道衔接不畅、基础交通网络覆盖不足、服务质量水平落后，一些自然条件较为恶劣的贫困山区“出不来”、“进不去”，甚至还停留在“羊肠小道”和“马拉人扛”的状态。目前，全国仍有 400 多个乡镇、3.9 万个建制村不通沥青（水泥）路。城市交通短板问题日益凸显，交通拥堵等“城市病”已由超大城市、特大城市向中小城市乃至小城镇蔓延。与此同时，部分沿海沿江港口则出现了局部能力过剩、过度甚至恶性竞争问题。运输服务供需矛盾在局部地区、个别时段仍然比较突出，个性化、多样化运输需求难以得到有效满足，农村基本运输服务能力不足，春节等时段一票难求局面尚未根本性扭转，运输时效性、便捷性还有待加强。交通智能化发展水平不高，互联网信息技术与交通融合发展不充分，难以适应新模式、新业态发展需要。

2. 交通枢纽一体化衔接不畅

近年来，我们高度关注综合运输的组合效率问题，特别重视以“客运零距离换乘、货运无缝化衔接”的理念指导综合交通枢纽建设，但实施效果仍不理想。枢纽布局不合理、集疏运网络有待优化、换乘换装设施不衔接、换装效率偏低等问题仍然存在，是当前制约综合交通运输体系整体效率发挥的瓶颈。枢纽与路网规划、建设缺乏有效衔接和同步协调，综合交通信息整合和共享不足，公共服务信息平台建设滞后，枢纽内不同运输方式间和内外交通间运力不匹配、时刻不衔接、信息难对接，一体化服务保障能力滞后。

3. 交通可持续发展能力有待增强

主要体现在资源环境约束日益严格，新建项目财务效益降低，安全保障能力亟须加强。交通发展集约节约水平不高，节能减排任务艰巨，低碳运输工具推广缓慢，货物运输结构不合理，公共交通发展滞后。交通安全形势依然严峻，“东方之星”号客轮翻沉、天津港特别重大火灾爆炸等重大事故，对交通安全应急保障提出了更高要求。制约交通发展的体制性、机制性矛盾仍然存在，投融资体制和运输市场化改革有待进一步深化，空域管理等相关改革需加快推进。

4. 交通运输国际化水平亟待提升

交通是“一带一路”建设战略的优先发展领域，对构建开放型经济新体制和全方位开放新格局具有重要作用，但目前支撑能力仍显不足。重要的战略性陆路运输大通道尚未完全打通，部分运输通道“通而不畅”，“设施虽联，通行不畅”现象较为突出，缺乏国际国内双向辐射的综合交通枢纽。交通技术装备自主创新能力有待加强，产业化、标准化水平不高，参与国际标准、规则制定的话语权有待提升。交通“走出去”国际合作模式相对单一，风险管控能力不足，国际化人才还比较匮乏。

（二）准确把握新常态下交通发展面临的形势和任务

“十三五”时期，国内外发展环境依然错综复杂。从国际看，世界经济在深度调整中曲折复苏，全球经济贸易增长乏力，国际区域经贸格局和全球治理体系深刻变革，世界各国在加强经济联系与合作的同时，也在围绕市场、科技、资源、文化、人才进行更为激烈的竞争。交通运输在促进国际贸易发展、支撑国家全方位对外开放战略和提升国家竞争力方面，将面临更为艰巨的任务。从国内看，“十三五”时期是全面建成小康社会决胜阶段，经济发展进入新常态，生产力布局、产业结构、消费及流通格局将加速变化调整。“四化同步”、“三大战略”加快推进，扶贫脱贫任务艰巨，资源环境约束趋紧，交通运输在促进产能调整、转型升级、空间优化、区域协调、脱贫攻坚等方面的任务将更为繁重。具体来讲，有以下几方面新要求。

1. 推动供给侧结构性改革要求交通提质增效

宏观经济发展提速换挡，转型升级加快，市场经济体制改革深化，交通运输发展既要适应新常态下客货运输需求变化，也要支撑经济维持一定增速。未来，运输需求总体呈现“客快货稳”、层次多元、品质提升的特征，要求加强交通供给侧结构性改革，促进资本、土地、人才、创新等要素有效配置，加快智能化发展，优化交通运输的方式结构、空间结构和产品结构，提升供给服务水平；要求深化交通领域改革，创新交通运输的管理方式、业务模式和组织形式，改善运输服务质量，实现交通发展内涵由加快速度、扩张规模向转变方式、提高质量效益转变。推动交通与经济联动融合发展，更好发挥支撑引领作用，打造以通道和枢纽为核心的经济带、经济区，培育发展新动力。

2. 全面建成小康社会要求交通补足短板

我国扶贫开发已进入啃硬骨头、攻坚拔寨的冲刺期，打赢扶贫攻坚战是促进全体人民共享发展改革重大成果、实现共同富裕的重大举措。目前，我国贫困地区交通发展相对滞后，对外交通不便，城乡衔接不畅，运输通道少、标准低、服务水平落后。要发挥好交通扶贫脱贫攻坚基础支撑作用，改善贫困地区发展环境，完善精准扶贫基础网络，建设外通内联区域交通骨干通道和通乡连村公路，改善贫困地区出行条件，为实现“十三五”时期5575万农村贫困人口摆脱贫困提供有力支撑。

3. 新常态下实施新战略要求交通支撑引领

“一带一路”建设、京津冀协同发展和长江经济带发展等重大战略，清晰地体现了国家从更大空间范围内整合区域资源、促进分工协作和优势互补的战略导向，要求交通运输跳出“一地一域一行一业”的局限，在更广阔的经济区域范围内进行统筹布局，强化不同空间层次和方式领域间的互联互通，来支撑引领全方位对外开放格局的形成、国土空间的优化开发以及区域经济的协调发展。与此同时，“以人为本”和以城市群为主体形态的新型城镇化的加速推进，使得跨区域人口流动和城市群内各城市经济产业联系日趋紧密，城际客货运输需求规模扩张和结构升级，要求大力发展大容量、快捷化的轨道交通；大城市规模的进一步扩张和职住空间的优化，要求加快发展城市公共交通和市郊运输体系；而城乡二元结构体制机制障碍的进一步减少，则要求城区客运设施和服务向城乡结合部延伸，农牧产品物流体系与城市高效对接。

4. 建设生态文明社会要求交通低碳发展

经济的发展不能以牺牲生态环境为代价，不能只追求 GDP。我国经济社会发展的资源环境约束日益严峻，资源环境承载能力与中高速、中高端的发展水平之间的矛盾将进一步凸显，交通运输领域以石油为主的能源消耗结构将长期存在，节能减排任务依然艰巨，土地供应政策从紧，包括交通在内的建设用地增量受到严格控制。这就要求加快交通运输发展方式转变，促进各种交通资源的集约节约利用，推进绿色循环交通基础设施建设，促进节能环保型运输方式的发展，实行公共交通优先，加强轨道交通建设，鼓励自行车等绿色出行，实施新能源汽车推广计划。

二、努力开创“十三五”交通发展新局面

“十三五”时期是我国经济发展进入新常态后的第一个五年规划期。对我国交通发展而言，正处于支撑全面建成小康社会的攻坚期、优化网络布局的关键期、提质增效升级的转型期，将进入现代化建设新阶段。我们必须充分把握新的趋势和要求，按照适应新常态、把握新常态、引领新常态的总体要求进行谋划，充分考虑新动力的培育、新空间的拓展、新体系的构建、新供给的创造、新需求的引导，正确处理好传统领域与新兴业态、存量优化与增量调整、继承发展与改革创新的关系，不断开拓交通发展新格局。

（一）创新“十三五”交通发展思路

我国交通运输发展经历了由“消除瓶颈”到“基本适应”，再到“适度超前”、“支撑引领”的转变。整体发展的逻辑理念，由“十一五”之前的方式观，即强调以铁路、公路、水运、航空和管道等运输方式的独立发展，转变为“十二五”时期的空间观，即突破分方式的局限，强调各种运输方式在时空格局上的融合，强调国际、区际、城际、城乡等不同空间维度的协调发展，这是我国综合交通运输体系发展理论的重大突破。那么，“十三五”应该以什么样的理念统领综合交通运输发展？要结合新的形势要求，加强交通内部各种要素有机结合，推进交通与其他领域的跨界融合，以“系统观”为统领，强化功能整合，在完善设施网络的基础上，打造“一枢纽、三系统”，即综合交通枢纽，联程联运系统、智能管理系统、公共信

息系统，逐步实现交通规划一张图、布局一张网、运行一张表、出行一张票。

具体而言，要按照“四个全面”战略布局，紧紧围绕创新、协调、绿色、开放、共享五大发展理念，以改革创新为动力，以服务民生为根本，以提质增效为导向，国内与国际并进，通达与通畅并重，建设与服务并举，着力推进交通运输网络化、一体化、智能化、绿色化发展，加快交通运输现代化进程。交通网络化，就是适度超前建设交通基础设施，引导产业优化布局和国土空间开发良性互动，充分考虑经济社会效益、技术成熟程度和资源环境承载力等因素，合理把握发展节奏，有力支撑协调发展。交通一体化，就是把综合交通枢纽打造为促进综合交通高效运行的“智慧中枢”，实现整体提质增效，同时重点针对薄弱环节、短板领域，切实提高交通基本公共服务水平，让发展成果惠及全体人民，积极促进共享发展、开放发展。交通智能化，就是充分运用现代科技信息手段，实现交通技术变革和跨越，适应引领创新发展。交通绿色化，就是加强安全举措监管，集约节约利用资源，推进交通运输低碳发展，全面践行绿色发展。

（二）科学确定“十三五”交通发展目标

“十三五”交通发展要坚持五个原则：一要坚持统筹兼顾、优化发展；二要坚持突出重点、补足短板；三要坚持适度超前、有序推进；四要坚持改革创新、开放融合；五要坚持安全低碳、永续发展。要科学论证重要目标、指标，瞄准发展短板，聚焦战略制高点，抓住对全局有牵引作用的关键领域和环节，重点突破、重点攻坚，全面塑造发展新格局。

1. 要在瞄准经济社会总体目标的基础上，科学确定交通运输发展目标

全面建成小康社会是到2020年我国经济社会发展的总体目标，党的十八届五中全会通过的“十三五”《规划》建议，在此基础上再次明确和细化了发展新目标，指标选取体现了对经济发展、创新驱动、民生福祉、生态文明等方面的侧重。这都是确定“十三五”综合交通运输发展目标指标的重要依据。在层次方面，既要考虑保基本，也要考虑提质量；既要考虑传统需求，也要考虑新兴供给。在内容方面，既要考虑基础设施，也要考虑运输服务；既要着眼国内，也要统筹国际。在指标选取方面，既要有定性，也要有定量；既要反映规模，也要体现效果。

2. 要结合交通运输自身特点、发展阶段和供需变化，合理确定目标指标的区间范围

当前，我国交通运输供需格局正在发生重大变化，“十三五”这一趋势将更加复杂，这对“十三五”运输供给服务目标产生直接影响。因此，“十三五”交通发展目标的确定，要紧紧围绕供给侧结构性改革，重点处理好增量与存量、规模与节奏、当前与长远等之间的关系。

初步考虑，到2020年的总体目标是形成国内国际通道联通、区域城乡覆盖广泛、枢纽节点功能完善、运输服务一体高效的现代交通运输体系，部分地区和领域率先实现交通运输现代化。

具体而言，要基本建成现代化高速铁路网，基本连通省会城市，营业里程3万公里以上。建成现代化高速公路网，通车里程15万公里左右。基本建成国家公路网，通车里程35万公里以上。建成煤炭、油气、矿石和集装箱深水、专业、高效的现代化沿海港口。建

成内河高等级航道网，里程 1.9 万～2 万公里。民用运输机场总数达到 250～260 个。基本建成东北、西北、西南区域相连的油气管网，总里程 16 万～18 万公里。主要城市群形成中心城市之间以及中心城市与周边节点城市之间 1～2 小时交通圈。超、特大城市现代化轨道交通成网，300 万人口以上的大城市轨道交通基本成网，公共交通占机动化出行比例达 60%以上，城市轨道交通运营里程 6000 公里以上。基本建成北京、上海、广州等国际性综合交通枢纽。

（三）统筹安排“十三五”交通发展任务

围绕“十三五”发展的思路和目标，确定并落实好主要任务，要在继续完善综合交通网络的基础上，重点推进“一枢纽、三系统”建设，强化安全、技术、体制机制等支撑保障能力，全面提升交通运输供给服务能力与效率水平。

1. 抓住综合枢纽这个“牛鼻子”

传统认识的交通枢纽仅仅是交通设施，是设施网络的节点。但从发展趋势以及国际经验来看，枢纽已经远远超出传统的交通范畴，是一个集城市、产业等多重功能为一体的多领域融合体。现代综合交通枢纽，作为综合交通运输体系的重要组成部分，不仅是资源要素高效流转的载体，也是设施网络与一体服务有机衔接的纽带，更是传统运输与新兴业态融合发展的平台，对于创造运输新供给、激发消费新需求、支撑引领经济社会发展具有重要作用。要按照国际性、全国性、区域性、地区性层级，优化综合交通枢纽节点城市在国土空间版图上的布局，根据发展定位、服务对象和辐射范围对机场、高铁站等综合交通枢纽站场进行分级分类。关键是要加强一体化综合交通枢纽建设，强化运输方式、城市内外、组织管理、信息服务、标准规范等衔接，缩短换乘时间，减少换乘距离，降低换乘强度，提升换装效率，降低运输成本。

2. 积极推进“三大系统”建设

联程联运系统、智能管理系统、公共信息系统三者之间相互关联、相互支撑、彼此促进。联程联运系统串联整个运输服务链，智能管理系统和公共信息系统是实现一体联程、多式联运的重要支撑，智能管理系统主要针对供给者和监管者，包括各级政府和各类运输企业，公共信息系统直接面向消费者。面对日益多样、日趋多元、日渐丰富的运输需求，必须着力推进“三大系统”建设，全面提升运输服务供给的能力和品质。加快构筑一体衔接的联程联运系统，重点强化运输服务各环节有机衔接，推进客票一体联程和货物多式联运。加快推进集装箱铁海联运，大力发展水水中转，建设便捷、兼容的货物一体换装系统，提高中转效率。同时，构建统一开放的运输市场，打破运输市场的区域分割和行业垄断。培育专业化经营主体，实现多式联运快速健康发展。建设开放共享的公共信息系统，加快建设集物流、客流、信息流、资金流等为一体的统一兼容、功能完善、高效便捷的综合交通公共信息平台，加大信息整合力度，构建开放式交通大数据中心，加快推进移动互联、云计算、新一代移动通信和北斗定位导航等先进信息技术在交通运输领域的应用。打造现代高效的智能管理系统，积极推进现代通信、信号、传感、定位、识别等技术在交通调度指挥、运输组织、运营管理、安全应急等领域的应用，加快人性化、智能型运输工具的研发使用，加大物联网、车联网、数字航道等建设，通过数字化手段有效解决交通发展问题。

3. 加快完善综合交通网络

统筹国际国内两个大局、两个市场和两种资源，继续贯通既有通道，建设横贯东西、纵贯南北、内畅外通的综合运输大通道。加快建设高品质的快速交通网、高效率的普通干线网和广覆盖的基础服务网，扩大网络规模与覆盖范围，优化网络功能，提升运输服务质量，提高基本公共服务水平。

4. 增强交通支持保障能力

完善安全监管体制，加强应急设施建设，建立健全国内国际交通应急保障机制，构筑安全防范体系，全面提升安全应急能力。完善全球海运网络体系，增强国际贸易和能源运输战略安全保障能力。全面提升铁路技术装备水平，提高公路客货运装备现代化水平，持续推进船舶专业化、标准化，继续完善和优化民用机队结构，加强智能化技术装备应用。提高交通创新驱动能力，鼓励社会资本投资交通，健全交通相关标准规范，制订修订相关法规政策，创新“走出去”管理体制。

三、切实做好 2016 年重点工作

2016 年是全面建成小康社会决胜阶段的开局之年，也是推进供给侧结构性改革的攻坚之年，要紧紧围绕引领新常态，贯彻创新、协调、绿色、开放、共享的发展理念，谋划和实施一批“叫得响、有影响”的重大事项，努力开创“十三五”交通运输发展新局面。

（一）以“支撑引领发展”为导向，完善战略规划政策体系

牢牢抓住规划引导发展的主动权，着眼“十三五”及未来发展面临的新情况、新变化，围绕支撑“三大战略”及经济社会中长期发展，开展重大战略、重大布局、重大规划系统性、超前性研究，构建层次分明、功能清晰、务实管用的战略、规划、政策体系。

1. 推进现代交通运输发展战略研究

深入开展专题研究，研判我国未来经济社会发展新需求和交通发展新趋势，准确把握交通现代化的特征和内涵，按照全面引领经济社会发展、支撑国家现代化建设的总体要求，明确交通发展总体思路和基本原则，建立交通全现代化指标体系，并以 2020 年、2030 年、2050 年为节点确定三个阶段的目标任务、实施路径，提出面向 2050 年的现代交通发展战略。

2. 制定实施“十三五”等交通专项规划

加快“十三五”现代综合交通运输体系发展规划和“一带一路”综合交通、北京新机场临空经济区等专项规划编制，力争尽快出台。抓紧制定“十三五”内河建设方案、高速公路支撑“三大战略”发展实施方案，抓好《京津冀协同发展交通一体化规划》、《城镇化地区综合交通网规划》实施。

3. 统筹做好中长期交通基础设施布局

面向 2030 年，构建基础设施布局规划体系，统筹做好中长期铁路、公路、水路、机场等交通基础设施网络布局。出台中长期

铁路网规划，研究提出“十三五”重点项目安排，加快规划实施监管评估，科学推进规划实施。编制出台全国民用运输机场布局规划，指导中长期民用运输机场布局建设，构建规模适当、结构合理、层次清晰、功能完善的机场体系。开展中长期水路发展规划研究。

（二）以交通供给侧改革为导向，切实转变交通发展重心

1. 努力创造交通新供给

认真分析新常态下交通需求的深刻变化，响应新的生产方式、新的业态模式和新的市场需求，着眼“一枢纽、三系统”方面的短板，深入研究推进交通供给侧结构性改革。出台包括“互联网＋”便捷交通、推动现代综合客运枢纽建设、加快城际铁路发展、加快市郊铁路发展、加快通用航空发展等实施意见。继续深化交通与经济互动性研究，重点围绕拓展交通建设新领域、培育新兴消费和投资增长点加强政策预研。

2. 创新综合交通枢纽发展模式

聚焦枢纽一体化建设，围绕打造一批国际性、全国性、区域性综合交通枢纽，探索中央与地方共建综合交通枢纽的新模式，以综合交通枢纽为载体，促进各种交通方式高质量高水平融合发展，实现客运“零距离”换乘、货运“无缝化”衔接。同时，以枢纽区域为重点，进一步推动交通与经济联动，促进临空经济、临港经济、高铁经济发展。

（三）以“一二三百”工程为抓手，提升交通供给服务能力

2015 年下半年以来，为下好 2016 年先手棋，国家发展改革委与交通运输部加快研究编制“十三五”现代综合交通运输体系发展规划，积极谋划和推动一批有共识、看得准、能见效的重大工程，提出了交通提质增效、交通扶贫脱贫、交通重大基础设施“一二三百”工程，将会同各方和有关部门抓好落实，打响“十三五”开局的头炮。

1. 率先实施交通提质增效百项示范工程

制定《关于推动交通提质增效提升供给服务能力的实施意见》，全面提升交通网络整体效率和供给服务能力。在完善交通基础设施网络的同时，围绕强化综合枢纽衔接、推进城际交通建设、大力推广多式联运、全面建设智能交通、提升快递物流服务、增强支撑服务消费、促进绿色安全发展等 7 个方面，实施 28 类重大工程。2016 年重点推动技术含量高、带动作用强、综合效益明显的 100 项示范项目，带动相关行业产业化和规范化发展，培养形成新的千亿级甚至万亿级投资增长点，引导消费升级并释放新需求，形成发展新动力。

2. 全面启动交通扶贫脱贫“双百工程”建设

制定《关于进一步发挥交通扶贫脱贫攻坚基础支撑作用的实施意见》，为实现贫困地区与全国同步建成小康社会提供有力支撑。实施交通扶贫脱贫“双百”工程，建设约 100 万公里农村公路和 200 余项交通扶贫骨干通道重大工程的目标，到 2020 年，在贫困地区建

设广覆盖、深通达、提品质的交通运输网络，总体实现进得来、出得去、行得通、走得畅。2016 年，根据轻重缓急，重点消除制约农村发展的交通瓶颈，建设贫困地区 20 万公里农村公路，开工建设骨干通道项目，并推进其他项目前期工作，为打赢脱贫攻坚战实现良好开局。

3. 加快推进三百余项交通重大工程

制定《交通基础设施重大工程建设三年行动计划》，提升路网整体能力和质量。重点推进 2016—2018 年重大工程，以补短板、疏瓶颈、强骨干、优衔接、提质量为重点，完善快速交通网、基础交通网、城际城市交通网。2016 年，按照续建完工一批、新开工一批、储备一批的思路，重点推进重大项目前期工作。同时，着眼国内外，结合中长期布局和“十三五”规划实施，研究论证一批具有全局性、战略性意义的重大工程，及时优选调整项目库，保持三年持续滚动更新，合理有序推进项目实施。

（四）以创新投资管理为目标，全面深化交通行政审批改革

将改革创新作为新常态下激发新动能的根本措施，以更大的决心和勇气，加快转型步伐，进一步推进行政审批和投融资体制改革，创新中央和地方合作共建试点示范，持续释放发展活力。

1. 进一步简政放权、放管结合、优化服务

继续取消和下放项目审批权限，逐步把审批工作量压减到最低程度。研究国家层面通过加强规划编制、实施、评估、监督、调整等手段，进一步创新、规范事中事后监管和服务，实现对项目建设

的有效调控，有序稳妥地推进交通审批事项取消和下放。

2. 进一步深化交通投融资体制改革

抓好社会资本投资铁路示范项目建设，逐步放开社会资本在交通运输领域的准入。支持铁路总公司扩大铁路发展基金募集渠道、规模和铁路建设债券发行规模。支持地方设立铁路发展基金。加大中央资金的统筹力度，研究创新中央资金支持项目建设的投资模式，推动政府与社会资本合作（PPP）项目。

REPORT ON

TRANSPORTATION

DEVELOPMENT IN CHINA

2016

第一部分

新中国成立以来
交通运输发展历程

Chapter 01

第一章

新中国成立至“十五”时期交通运输发展

新中国成立后，国家开始着手国民经济的恢复和建设工作。这一时期，我国交通运输发展具有鲜明的计划经济特征，作为国民经济和社会发展五年计划的组成部分，由政府按计划安排进行投资建设，投资主体单一，投融资手段简单，其中，铁路、机场、主要港口和管道由国家投资建设，公路主要依靠地方政府，国家仅对国边防公路有少量投资安排。由于缺少资金来源，主要靠民办公助方式实施建设，交通基础设施固定资产投资占 GDP 比重在 1.2%～2.4%之间。

由于我国交通运输业底子薄、基础差，虽然投资较少，但基础设施建设快速起步并获得较大发展，特别是与其他行业相比，交通运输业发展相对较快，客货运输服务水平显著提高。1978 年年底，我国运输线路总里程达到 123.51 万公里，全社会客运和货运量分别达到 25.40 亿人和 31.94 亿吨，自 1949 年以来，年均增长分别为 6.7%、10.6%、10.3%。

改革开放后至“十五”末的二十余年，我国交通运输业取得了突飞猛进的发展，交通基础设施的规模和质量、交通装备的规模和技术水平取得前所未有的成绩，我国交通运输管理体制、投融资体制机制日益完善，在交通发展史上创造了举世瞩目的“中国速度”、“中国特色”，交通运输对国民经济发展的“瓶颈”制约得到很大缓解，在经济社会发展中发挥了重要的基础性作用。

一、交通网络质量和水平不断提高

一是交通基础设施网络规模持续增加。经过二十余年的发展，2005 年年底全国交通基础设施线路总里程由 1978 年的 123.51 万公里增加至 417.17 万公里，年均增长 4.6%，其中，铁路营业里程 7.54 万公里，年均增长 1.4%；公路里程（不含农村公路）193.05 万公里，年均增长 2.9%；内河航道里程 12.33 万公里；民航航线里程 199.85 万公里，年均增长 10.1%；输油气管道里程 4.4 万公里，年均增长 6.4%。

二是交通基础设施质量不断改善。1978 年到 2005 年，国家铁路复线率由 15.7% 增加至 39.5%，电气化率由 2.1% 增加至 31.2%；高速公路从无到有，2005 年年底已建成高速公路 4.1 万公里；内河七级以上等级航道占比由 42.2%增加至 49.5%，沿海港口万吨级泊位由 133 个增加至 769 个，内河港口万吨级泊位实现从无到有，建成 186 个；民航国际航线由 5.53 万公里增加至 85.59 万公里，年均增长10.7%。

二、旅客运输快速化发展持续推进

改革开放以来，特别是20世纪90年代以来，我国以高速公路建设和干线铁路提速为重点，加快推进客运快速化。自20世纪80年代我国建成第一条高速公路以来，我国高速公路一直处于快速发展阶段。特别是1998年以来，为应对东南亚金融危机，我国采取积极财政政策，高速公路行业抓住机遇，加快发展步伐，到2005年年末通车里程已达到4.1万公里。铁路先后经历5次大提速，2004年年底完成的第五次大提速，提速网络总里程1.65万公里，其中时速160公里及以上提速线路7700多公里。铁路部门转变发展思路，提出跨越式发展，按照引进、吸收、再创新的理念，在《中长期铁路网规划》的指导下，全面推进现代高速铁路建设，京津、郑西、武广等一批客运专线陆续开工。此外，民航客运实现快速发展，2005年年末定期航班航线里程达到199.85万公里，其中国际航线线路长度85.59万里。

三、装备和技术发展水平明显提升

一是运输装备规模显著增加。与1978年相比，2005年年底国家铁路客、货车配备数量分别达到4.20万辆和54.84万辆，年均增长3.9%和2.9%；民用客、货运汽车配备数量分别达到2132.46万辆和955.55万辆，年均增长17.1%和8.7%；民用机动船配备数量达到 16.59 万艘，年均增长 6.8%，民用驳船配备数量虽有所减少，但净载重量大幅提高，年均增加 3.6%；民用飞机配备数量达到 1386 架，年均增长 3.8%。

二是运输装备的技术水平显著提高。铁路机车实现电力牵引，铁路提速干线旅客列车最高时速已超过 200 公里；蒸汽轮机、柴油机、燃气轮机等现代船舶动力装置逐渐在民用船舶上得到广泛应用，50 万吨级超大油轮陆续投入使用；喷气式飞机也逐渐在民航运输中得到普及应用。

四、综合运输统筹规划理念逐步加强

改革开放之初，交通运输计划或规划作为国民经济和社会发展五年规划（计划）的一个组成部分。“六五”计划中，已有交通运输发展的内容。到“十五”时期，除在国民经济计划中列有专门章节外，还首次编制了我国《“十五”交通发展重点专项规划》，以更好地指导综合运输发展。同时，交通运输行业领域也不断强化计划与规划的指导作用。如早在 1981 年，原国家计委、国家经委、交通部联合印发《国家干线公路网（试行方案）》，强化对干线公路的指导。进入“十五”以来，交通行业计划规划的指导性进一步加强，交通领域先后出台《国家高速公路网规划》、《农村公路建设规划》、《中长期铁路网规划》等规划，对于推进交通建设发挥了重要作用。

五、多元建设投资模式探索发展

改革开放以来，在我国计划经济向市场经济转轨的发展背景下，交通运输在建设投资领域率先探索多元化模式，逐步探索实践“国家投资、地方筹资、社会融资、利用外资”的建设投资模式。特别是广东在全国率先探索“以路养路”的公路建设模式，取得了重大突破。

从20世纪80年代以来，中央政府陆续启动了公路、港口、民航等行业的管理体制改革。经过二十余年演变，公路基本形成“条块结合、以块为主”的管理体制，并于2004年颁布实施《公路法》，以法律形式进一步明确。2003年，水运实现沿海和长江干线港口全部下放地方，实行属地化管理；2004年，民航实现除首都机场和西藏自治区机场外，原民航总局直属的机场全部移交地方政府管理。铁路也开展了局部性改革，如1992年出台中央和地方合资铁路建设的意见，2005年撤销铁路分局、实行铁路局直接管理站段体制改革等，但原铁道部“政企合一”管理局面尚未发生根本改变。总体来看，以地方政府为主的管理体制，拓宽了投融资渠道，丰富了投资模式，极大地激发了地方政府的积极性，促进了交通基础设施的快速发展。

与此同时，为支持交通基础设施建设，中央设立各类专项资金（或基金），积极发挥资金的引导性，成为交通基础设施发展重要的稳定资金来源。如1985年国务院颁布实施征收车辆购置费和港口建设费，1991年国务院批准设立铁路建设基金，1992年起征收民航机场管理建设费，1993年征收民航基础设施建设基金，以及长期由地方政府征收公路养路费等。起初主要由相关交通行业部门负责征收、使用，后逐步移交财政部管理，纳入预算范围，专款专用，增强了资金使用的财政纪律约束，如2001年实施了车辆购置费改税。中央专项资金作为交通基础设施建设稳定的政府性投入，不仅是项目建设资本金的重要构成，发挥融资杠杆的重要作用，同时也是中央政策意图实现的重要抓手。

六、交通运输市场体系加快构建

交通领域是最早推进市场化改革的领域，早在 1981 年交通部就提出“有路大家行车、有水大家行船”的市场开放政策。同时，按照市场经济发展要求，通过交通管理体制改革，进一步推进交通运输市场化发展。交通运输企业从依附于行政管理机构的生产单元逐步演变为具有独立生产经营自主权的市场主体，企业管理制度逐步走向规范化，基本建立“产权清晰、权责明确、政企分开、管理科学”的现代企业制度，形成国航、东航、南航，中远集团、上海海运、长航集团，铁路集装箱、特货、行包等专业化国有交通运输企业，一些具有较强市场竞争力的企业如广深铁路、上海海运、东航、南航等已实现在国内外资本市场上市。

与此同时，以运价市场化改革为重点，逐步扩大运输企业定价自主权。以铁路、公路、民航、水运等多种运输方式运价为主体的交通运输价格，经历了从严格管制到逐步放松的过程。由于各行业发展阶段、发展方式的不同和管理体制的差异，运价改革进度不一致，除铁路仍实行政府定价外，公路、水运和民航价格市场化进度加快。到“十五”末，公路已经基本实现货运价格执行市场调节价，客运价格采取政府指导价；水运在 20 世纪 90 年代实现市场定价，2001 年全面放开水运客货运输价格，除涉及军费开支和财政直接支出的军事、抢险救灾运输价格继续实行政府定价外，其他客货运输价格一律实行市场调节价，但港口建设费仍采用政府定价；民航行业也在 2004 年实施民航国内航空运价管理改革，建立以政府指导价为主的民航价格管理体制。

Chapter 02

第二章

“十一五”时期交通运输发展

“十一五”时期，是我国综合交通运输快步发展的关键时期，交通运输业紧紧抓住历史机遇，以综合运输通道为重点，加快一批重大项目开工建设，基础设施总量规模和发展质量显著提高，技术装备实现跨越式发展，运输服务水平整体提升，运输能力紧张状况总体缓解，为服务经济社会发展发挥了重要作用。

一、综合性通道和枢纽成为建设重点

“十一五”时期，我国交通基础设施建设理念发生改变，特别是在《综合交通网中长期发展规划》的指导下，首次提出“五纵五横”综合运输大通道和42个全国性综合交通枢纽的布局框架及建设任务，过去各种运输方式独立建设的发展观逐步发生转变。

在科学的规划指导下，我国交通基础设施快速稳步发展。截至2010年年底，我国综合运输基础设施线路网络总里程达到432万公里（不含航空线路和远洋航线），综合运输基础设施线路网络密度达到每百平方公里45公里，分别是1949年的22.1倍和1978年的3.4倍。其中，东部地区路网密度每百平方公里约91公里，中部地区路网密度每百平方公里约49公里，西部地区路网密度每百平方公里约28公里，分别比2005年增长了50%、30%和130%左右，初步形成"五纵五横"综合运输大通道的主骨架。

"四纵四横"铁路客运专线从无到有大规模开工建设，北京至天津、武汉至广州、郑州至西安客运专线建成投产，标志我国正式进入高铁时代；素有"天路"之称的青藏铁路，创造了诸多"世界之最"；北京、上海、广州、深圳等特大城市轨道交通基本成网。建成"五纵七横"国道主干线和西部开发8条公路干线，高速公路通车里程7.3万公里，位居世界第二位；农村公路快速发展，改造工程总投资约9500亿元。

综合交通枢纽建设任务逐步明确，42个全国性综合交通枢纽起步建设，其中北京、上海、武汉等8个试点城市建设步伐加快，武汉等试点城市完成枢纽总体规划。上海虹桥枢纽投入运营，6大铁路枢纽客运中心、10大铁路区域性客运中心和18个铁路集装箱中心站建设加快推进，北京南站、上海南站、广州南站等一大批现代化、高标准、一体化的铁路客运站以及上海、重庆等多个铁路集装箱中心站投入运营；形成环渤海、长江三角洲、东南沿海、珠江三角洲、西南沿海五大港口群，世界港口货物吞吐量和集装箱吞吐量排名前10位的港口中，我国港口分占8个和6个；形成以北京、上海、广州等枢纽机场为中心的机场布局，北京首都国际机场成为世界第二大机场。

二、交通运输技术装备实现跨越发展

这一时期，我国交通运输技术和装备水平大幅度提升，实现由大到强的转型发展。

一是铁路整体技术实现了跨越式发展，设计时速350公里的高速列车系统总体上达到国际领先水平；重载技术进一步提升，载重80吨煤车和100吨矿石车批量投入使用，和谐型大功率电力机车牵引2万吨重载组合列车在大秦铁路成功应用；高原冻土铁路无砟整体道床、大吨位桥隧工程等铁路筑路工程技术以及集成列车运行控制技术等取得创新性进展。

二是以杭州湾跨海大桥、苏通长江大桥、秦岭终南山公路隧道等为代表的公路桥梁和隧道建造技术达到国际领先水平；高速公路电子不停车收费系统（ETC）在部分区域和省域范围内实现联网；危险品运输和长途客车的GPS联网联控技术等取得长足进步。

三是深水筑港、长江口航道治理等关键技术取得重大突破；以大型LNG和万箱级集装箱船为标志，我国船舶建造技术达到世界先进水平。

四是具有完全自主知识产权的国产ARJ-21新支线飞机成功试飞，飞机装备技术取得新突破。

三、交通运输服务能力水平整体提升

一是交通运输的服务品质明显提升。随着铁路客运专线投入运营、高速公路网初步形成以及民航机场布局逐步完善，跨区域交通运输能力大幅提高，围绕省会城市、重要区域性中心城市1～2小时快速交通圈正在形成。我国高速铁路运营里程达到5050公里，高速公路及国道主干线运行时速分别达到102公里和99公里，运输服务的时效性、便捷性以及舒适性显著提升。

二是随着公路“村村通”目标逐步实现，有条件的地区乡镇、建制村基本通客运班车，农副产品运输便捷快速，农村客货运输普遍服务的深度、广度以及品质有了显著提高，极大地改善了农村地区的生产、出行条件，更重要的是改善了广大农民的生存环境和条件。

三是交通安全和保障能力逐步增强。经过多年的努力和各部委的通力协作，“十一五”期间交通安全形势有较大好转，以道路交通为例，2009年道路交通事故起数比2005年减少47%，死亡人数下降31.4%。各种运输方式发挥各自优势，密切协调配合，在应对雨雪冰冻灾害、汶川和玉树地震、舟曲泥石流等重大自然灾害和接返海外侨民等突发事件以及举办北京奥运会、上海世博会、广州亚运会等重大国际性活动中，交通通行和保障能力显著增强。

四、综合交通运输规划体系逐步建立

在这一时期，我国综合运输发展正式由“计划”指导变为“规划”引导，交通运输规划体系基本建立。2007年，经国务院同意印发的《综合交通网中长期发展规划》，是我国第一部国家层面的综合运输网络布局规划，在综合运输发展史上具有里程碑意义。2007年，国家发展改革委编制出台《“十一五”综合交通体系发展规划》，是我国第一部真正意义上的综合交通专项规划。交通行业规划进一步完善，先后出台了《全国沿海港口布局规划》（2006 年）、《全国内河航道与港口布局规划》（2007 年）、《全国民用机场布局规划》（2008 年）、《中长期铁路网规划（2008 年调整）》的中长期规划，以及《铁路“十一五”规划》、《公路水路交通“十一五”发展规划》、《中国民用航空发展第十一个五年规划》等五年发展规划。分区域规划方面，除“十五”末期编制出台的《长江三角洲、珠江三角洲、渤海湾三区域沿海港口建设规划》、《环渤海京津冀地区城际轨道交通网规划》、《长江三角洲地区城际轨道交通网规划》、《珠江三角洲地区城际轨道交通网规划》等规划外，全国绝大多数省份均在“十一五”初期编制出台了各自的“十一五”综合交通发展规划，很多城市出台了各自的城市交通“十一五”发展规划，国家、区域、省（市区）、市、县等分层分类的交通规划体系逐步建立。

五、投融资体制机制改革继续深化

“十一五”时期，交通运输投融资体制机制进一步深化，积极扩大对内、对外资本市场开放，不断创新投融资模式，在积极利用外资的同时，更重要的是进一步充分发挥了地方交通融资平台作用。自 2008 年爆发国际金融危机以来，在“四万亿”投资拉动和银行信贷大幅增加的情况下，我国交通投资规模大幅增加，受地方财力限制，在市政债券市场尚未放开之际，通过地方政府或具有政府背景的地方融资平台筹措资金成为主要手段，形成“政府信用＋融资平台＋银行贷款”的融资模式。该模式对拉动经济增长、加快基础设施发展发挥了重要作用，但同时也带来较大的债务风险，2010 年 6

月，国务院出台《关于加强地方政府融资平台公司管理有关问题的通知》（国发〔2010〕19号），开始对地方政府融资平台进行清理规范。

相对于其他交通方式，铁路投融资体制机制改革较为缓慢。为加快推进铁路发展，铁道部成立中国铁路建设投资公司，代表铁道部履行铁路大中型建设项目出资人职能，此后铁道部陆续与31个省（自治区、直辖市）签订合资建设铁路的部省协议，有力地支撑了我国客运专线的跨越式发展和普通铁路的快速发展。部省协议虽然调动了地方积极性，但铁道部仍然作为主要股东，地方政府主要承担征地拆迁和土地折价入股等责任，后续运营由铁路部门负责，铁道部的主导作用没有根本改变，这与公路、水运、民航等以地方为主的管理体制仍有较大区别。

六、综合交通管理体制构建取得进展

由于我国交通基础设施建设起点低、基础差，长期以来，各种运输方式独立发展，运输管理以单一方式为主。随着各种运输方式逐步发展、独立成网，协作与竞争关系不断增强，运输方式衔接和资源配置问题日益凸显，迫切需要运输管理逐步从单一方式向综合管理转变。2008年大部制改革中，交通运输部正式挂牌，作为本次改革中新组建的机构，交通运输部整合了原交通部、原中国民用航空总局、原国家邮政局以及原建设部的部分城市客运职能，结束了长期以来各种运输方式"条块"分割的管理体制，在形式上，初步实现了除铁路以外的综合交通运输管理体制构架，在一定程度上为构建综合交通运输体系提供了制度保障。

REPORT ON
TRANSPORTATION
DEVELOPMENT IN CHINA

2016

第二部分

交通运输回顾与展望

Chapter 03

第三章

发展成就

一、“十二五”时期主要发展成就

“十二五”是我国交通运输发展速度最快的五年。经过五年的持续努力，综合交通运输体系已经初步建成，基础设施、技术装备和运输服务水平不断提升，多项主要交通指标位居世界前列，总体适应经济社会发展要求。

（一）基础设施网络日趋完善

“十二五”时期，我国“五纵五横”综合运输大通道基本贯通，快速铁路网、高速公路网基本形成，城际铁路稳步推进，西部地区高速铁路从无到有，东、中、西、东北“四大板块”之间实现高速铁路连通，综合枢纽建设明显加快，各种运输方式衔接效率显著提升。全国主要交通基础设施网络规模达到 493.7 万公里[1]，较“十一五”末增加了约 69.5 万公里。其中，铁路营业里程达到 12.1 万公里，较“十一五”末增加约 3.05 万公里；公路里程达到 457.7 万公里，较“十一五”末增加了 56.9 万公里；内河航道里程达到 12.7 万公里，较“十一五”末增加了约 2800 公里；管道里程达 11.2 万公里，较“十一五”末大幅增长。全国港口生产用泊位达 31259 个，较“十一五”末减少了 375 个；颁证民用航空机场达到 210 个，较“十一五”末增加了 35 个。“十二五”时期主要交通基础设施网络规模发展情况见图 3-1。

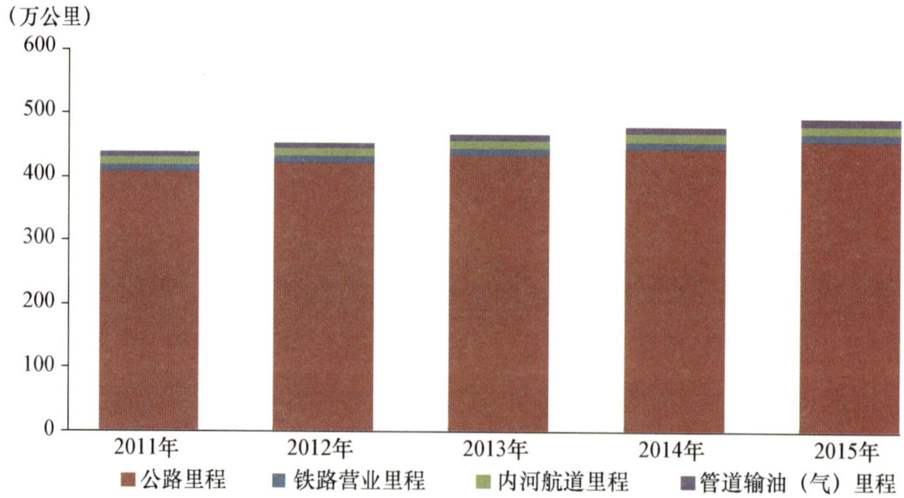

图 3-1 “十二五”时期主要交通基础设施网络规模

[1] 主要交通基础设施网络规模为铁路营业里程、公路里程、内河航道里程和管道里程之和。数据资料来自 2015 年和 2010 年交通运输行业发展统计公报，管道里程数据来自国家能源局，城市轨道交通运营里程数据来自国家发展改革委网站。

“十二五”时期是我国铁路历史上投产新线最多的五年。铁路营业里程达到 12.1 万公里，位居世界第二位，其中高速铁路 1.9 万公里，位居世界第一位，占世界高铁总里程的 60%以上，基本形成了以“四纵四横”为主骨架的高速铁路网。复线里程达 6.4 万公里，复线率 52.9%；电气化里程达 7.4 万公里，电气化率 60.8%。西部地区营业里程 4.8 万公里，营运规模快速增大。“十二五”时期铁路网络规模发展情况见图 3-2。

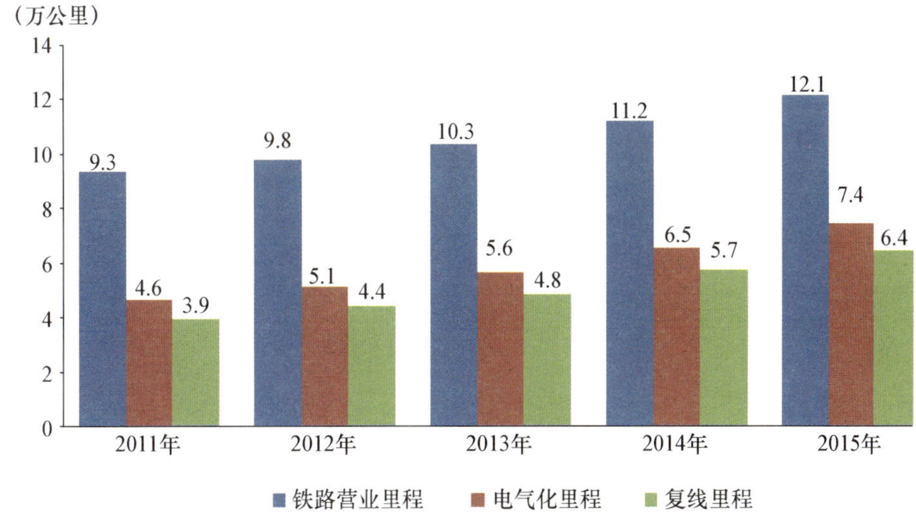

图 3-2 “十二五”时期铁路网络规模

公路网络不断延伸，等级持续提高。全国公路通车总里程达 457.73 万公里；等级公路里程达 404.63 万公里，等级公路里程占全国公路通车总里程比重较“十一五”末提升 6 个百分点；高速公路里程达 12.35 万公里，基本覆盖 20 万以上人口城市，里程位居世界第一位；原“7918”国高网基本建成，农村公路里程达 398 万公里，西部地区 81%的建制村实现通畅，国省干线公路技术等级逐步提升，全国 96%的县城实现二级及以上等级公路连通，公路养护管理水平持续提升。“十二五”时期公路网络规模发展情况见图 3-3。

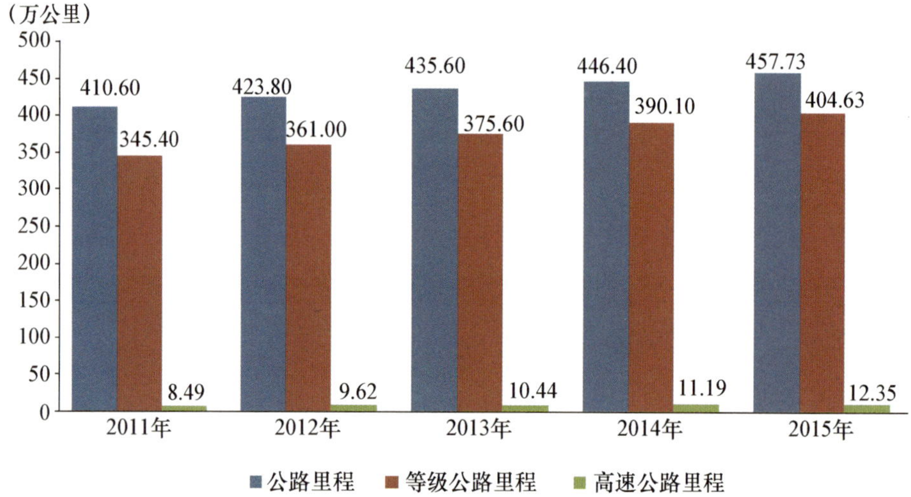

图 3-3 “十二五”时期公路网络规模

航道网络布局更加合理，等级大幅提升。2015 年我国内河航道里程 12.7 万公里，其中等级航道里程达到 6.63 万公里，三级及以上航道里程达 1.15 万公里，“两横一纵两网十八线”内河航道建设取得积极进展。“十二五”内河航道网络规模发展情况见图 3-4。

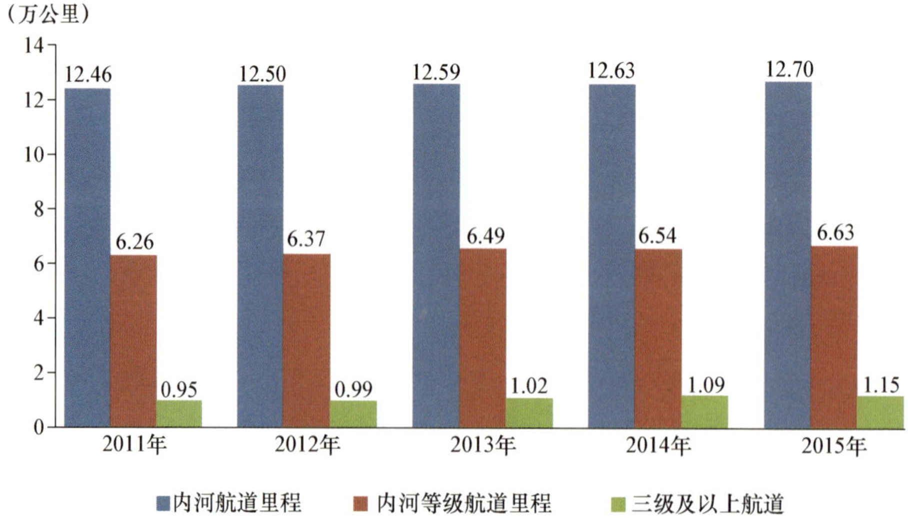

图 3-4 “十二五”时期内河航道网络规模

港口码头泊位数量和能力明显增加。全国港口拥有生产用码头泊位达31259个，其中沿海港口生产用码头泊位 5899 个，内河港口生产用码头泊位 25360 个，分别较“十一五”末减少 375 个、增加 446 个和减少 821 个，港口的生产服务能力明显增加。“十二五”时期港口拥有生产用码头泊位数量情况见图 3-5。

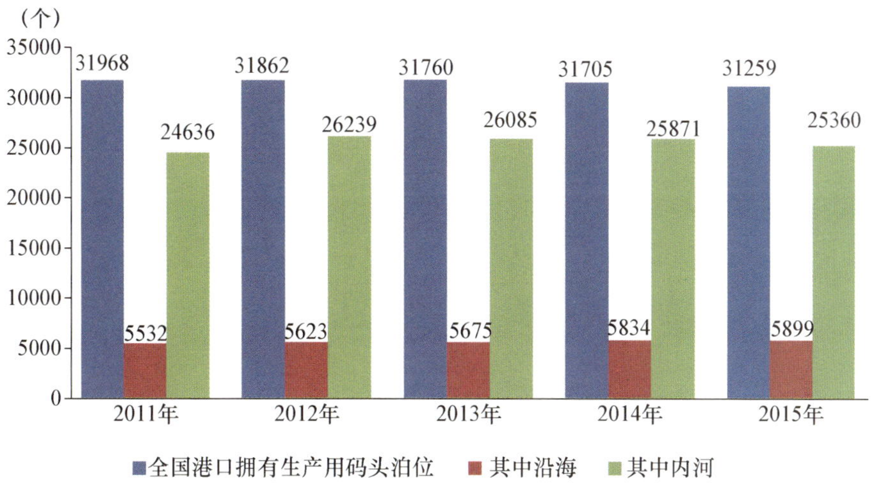

图 3-5　全国港口拥有生产用码头泊位数量

全国拥有万吨级及以上泊位 2221 个。其中：沿海 1807 个，五年新增 464 个；内河 414 个，五年新增 96 个。全国万吨级及以上泊位中，专业化泊位1173 个，通用散货泊位 473 个，港口大型化、专业化、现代化水平进一步提升。“十二五”时期全国港口拥有万吨级及以上泊位数量情况见图 3-6。

机场布局不断完善，数量持续增加。“十二五”末，我国定期航班通航遍布全球 321 个城市，全国民用运输机场达到 210 个，“十二五”期间新增 35 个。北京新机场等枢纽机场开工建设，郑州、武汉、重庆等干线机场改扩建加快实施，通勤和其他通用机场加快发展。其中，年旅客吞吐量超过1000万的机场达26个，年货邮吞吐量超1万吨的机场达51个，分别较“十一五”末增加了10个和4个。“十二五”时期民用航班运输机场数量增长情况见图3-7。

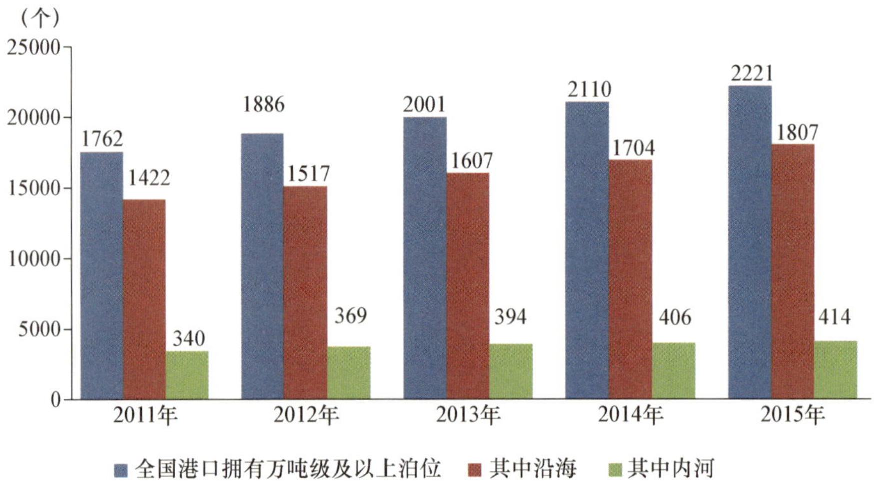

图 3-6 “十二五”时期全国港口拥有万吨级及以上泊位数量情况

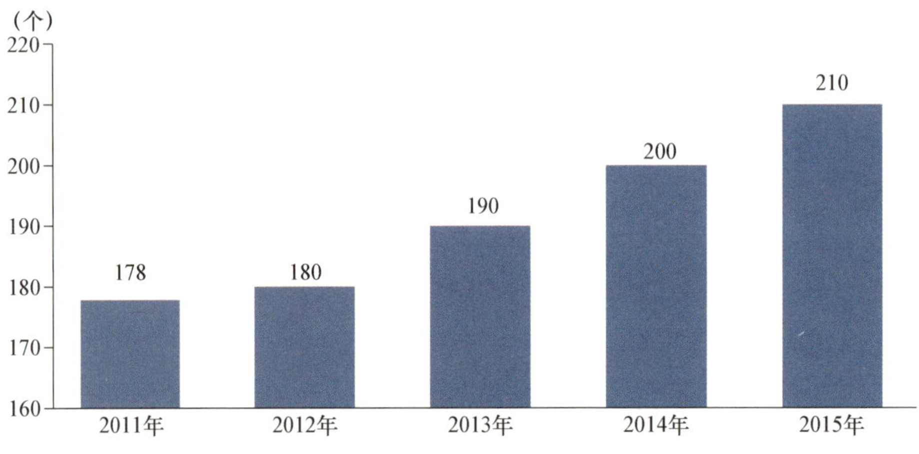

图 3-7 “十二五”时期民用航班运输机场数

注：2011—2014年数据来自于国家统计局，2015年数据来自于全国机场生产统计公报。

邮政网点密度和覆盖范围大幅增加。2015 年全国邮政普遍服务营业网点达 5.3 万处，村邮站达 21 万个，完成 8840 个空白乡镇邮政局所补建，重点快递企业乡镇网点覆盖率达 70%，总体实现了"乡乡设所、村村通邮"；全国快递服务营业网点达 18.3 万处，快递专业类物流园区达 202 处。快件航空运输网络基本形成，高铁快递和电商班列取得突破性进展。"十二五"时期快递服务营业网点增长情况见图 3-8。

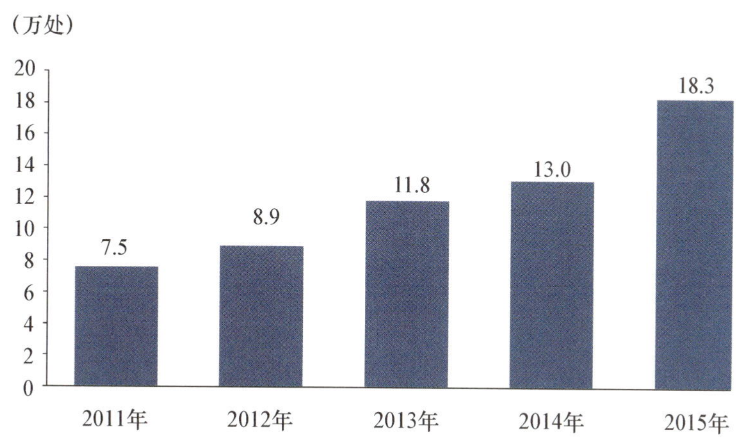

图 3-8　"十二五"时期快递服务营业网点情况

（二）旅客运输结构深度调整

"十二五"时期，我国客运服务保障能力整体大幅提升，客运舒适性、快捷性明显提升，高铁、民航客运量年均增速均达到 10%，高等级客车比例超过 25%，城乡客运服务水平稳步提升。中西部地区、城市群地区交通快速发展，京津冀、长三角、珠三角等城市群基本形成中心城市至节点城市的 1.5 小时交通圈。全社会旅客运输量达到 194.3 亿人次，年均增长[1]4.0%。其中：铁路客运量达到 25.3 亿人，年均增长 9.7%；公路客运量达到 161.91 亿人[2]，年均增长 3.2%；水运客运量达到 2.71 亿人，年均增长 5.9%；民航客运量达到 4.36 亿人，年均增长 10.2%。民航和高铁等高速度、舒适性旅客运输比重增大，公路和水路长距离旅客运输比重下降，旅客运输结构更趋合理。“十二五”时期全国旅客运输完成情况见图 3-9。

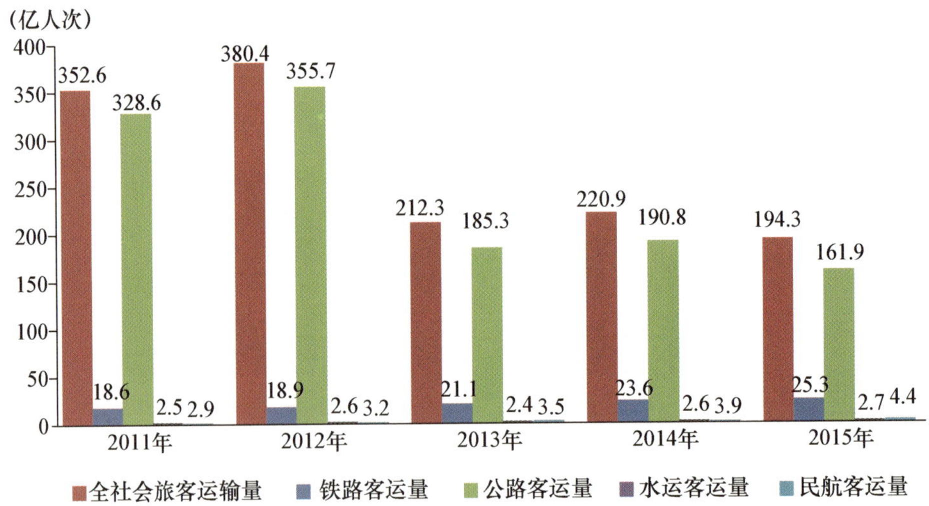

图 3-9　“十二五”时期全国旅客运输完成情况

从各种运输方式客运量的发展速度来看，公路客运量增速逐年下降，并由于其占客运总量比重较高而带动全社会客运量增速快速下降，2015 年开始转向负增长。铁路和民航呈现强劲增长势头，增速逐年攀升，而水路客运量增速呈现明显波动，总体上呈现上升势

[1] 年均增速按照 2011—2015 年国民经济和社会发展统计公报公布的增长率反推得到，下同。
[2] 2015 年公路客货运量、周转量数据核算方法和统计口径发生变化，增速按可比口径计算。

头。从各种运输方式的增长速度可以明显看出，铁路和民航在全社会旅客运输中的比重逐年上升，公路和水路逐渐下降，且公路比重在“十二五”后期下降速度加快。

（三）旅客周转量实现平稳增长

“十二五”时期，我国旅客运输周转量实现了较快增长，全社会营业性旅客运输周转量达到 30047 亿人公里，年均增速高达 8%。其中，铁路旅客周转量达到 11961 亿人公里，年均增长 7.1%；公路旅客周转量达 10743 亿人公里，年均增长 6.4%；水运旅客周转量达到 73 亿人公里，年均增长 2.3%；民航旅客周转量达到 7271 亿人公里，年均增长 12.3%。民航的旅客周转量占比逐步提高，铁路和公路的旅客周转量比重下降，铁路旅客周转量反超公路方式。“十二五”时期全国旅客运输量增长情况见图 3-10，全国旅客周转量完成情况见图 3-11。

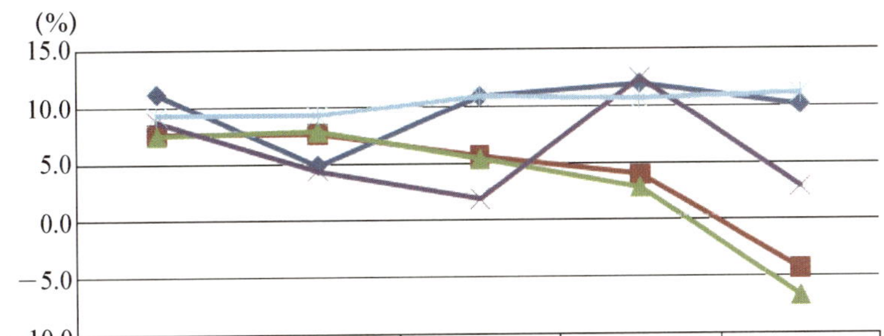

	2011年	2012年	2013年	2014年	2015年
全社会增长率	7.6	7.6	5.6	3.9	−4.4
铁路增长率	11.1	4.8	10.8	11.9	10.0
公路增长率	7.4	7.8	5.3	2.8	−6.7
水运增长率	8.6	4.3	1.8	12.3	2.8
民航增长率	9.2	9.2	10.9	10.6	11.1

图 3-10 “十二五”时期全国旅客运输量增长情况

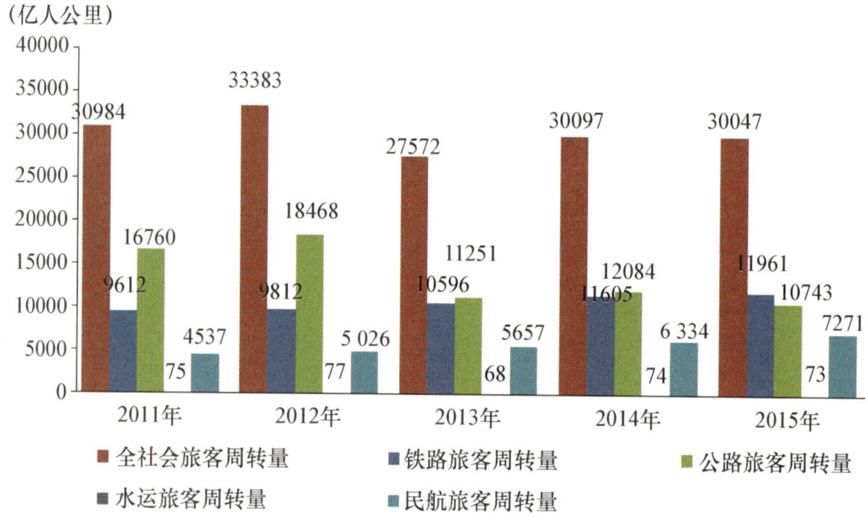

图 3-11 “十二五”时期全国旅客周转量完成情况

从各种运输方式旅客周转量的发展速度来看，全社会旅客周转量增速呈现放缓态势，“十二五”中期增速稳定，2015 年开始出现明显的下滑。分方式来看，铁路旅客周转量增速除在 2012 年下跌外，基本上保持平稳态势，有三年的增速都在 8%以上；公路旅客周转量增速一直趋缓，从 10%以上的增速下降到 2015 年的负增长；水运方式规模较小，一直有所波动，2015 年增速为－1.7%；民航旅客周转量增速一直平稳上升，保持在 10%以上，2015 年增速高达 14.8%。“十二五”时期全国旅客周转量增长情况见图 3-12。

（四）货运增速明显放缓

“十二五”时期，我国货运转型升级步伐加快，多式联运、甩挂运输、城乡物流配送集约化等取得积极进展，民航快件运输加快发展，中欧货运班列横跨万里，成为连结欧亚大陆的贸易纽带。但受经济下行与产业转型升级等多重因素叠加影响，全社会货运量增速

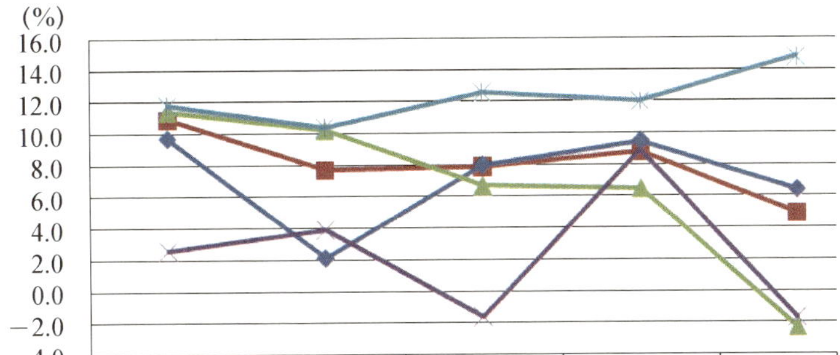

	2011年	2012年	2013年	2014年	2015年
全社会增长率	10.9	7.7	7.9	8.8	4.9
铁路增长率	9.7	2.1	8.0	9.5	6.4
公路增长率	11.4	10.2	6.7	6.5	−2.3
水运增长率	2.6	3.9	−1.6	8.9	−1.7
民航增长率	11.8	10.4	12.6	12.0	14.8

图 3-12 “十二五”时期全国旅客周转量增长情况

明显放缓，“十二五”后期大宗物资运量大幅下滑，铁路货运量转升为降。2015 年，全社会货运量达到 417.1 亿吨，年均增长 8.4%。其中，铁路货运量达到 33.6 亿吨，年均下降 1.6%；公路货运量达到 315 亿吨，年均增长 9.9%；水路货运量达到 61.4 亿吨，年均增长 7.0%；民航货运量达到 625.3 万吨，年均增长 1.8%；管道货运量达到 7.1 亿吨，年均增长 2.7%。公路和水运的货运比重有所上升，民航和管道货运量平稳增长，铁路货运呈现负增长，且 2015 年下行压力加大。“十二五”时期全国货物运输量完成情况见图 3-13。

从各种运输方式货运量的发展增速来看，铁路、公路、水路和管道运输的增长速度都呈现明显的放缓态势，且在 2015 年下行加剧，当年全社会货运量几乎零增长，铁路货运量同比下降高达 11.9%。民航货运量在“十二五”前两年有所下降，“十二五”后期逆势上扬，但体量小，增速虽有加快但仍处于低位。“十二五”时期全国货物运输量增长情况见图 3-14。

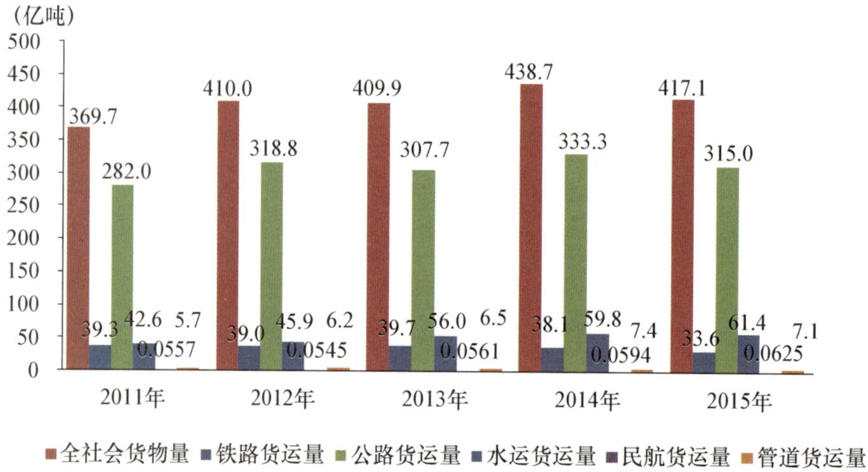

图 3-13 “十二五”时期全国货物运输量完成情况

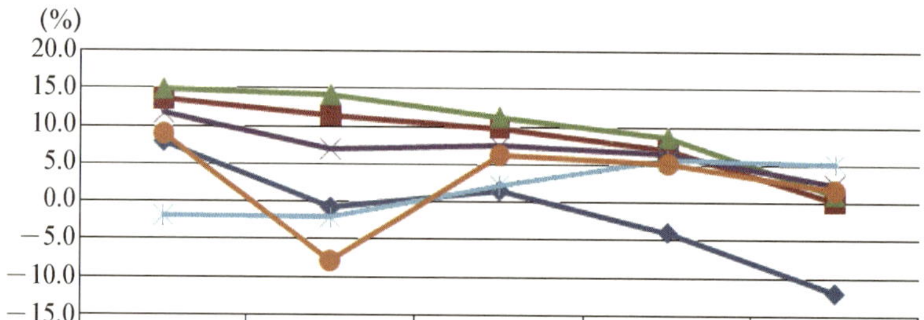

	2011年	2012年	2013年	2014年	2015年
全社会增长率	13.7	11.5	9.9	7.1	0.2
铁路增长率	8.0	−0.7	1.6	−3.9	−11.9
公路增长率	14.9	14.2	11.3	8.7	1.2
水运增长率	11.7	7.0	7.5	6.4	2.5
民航增长率	−1.8	−2.0	2.3	5.7	5.2
管道增长率	9.0	−7.8	6.3	5.2	1.7

图 3-14 “十二五”时期全国货物运输量增长情况

（五）货物周转量增速先快后慢

“十二五”时期，我国货物运输周转量总体实现了大幅增长，全社会货物运输周转量达到 177401 亿吨公里，年均增长 7.1%。其中，铁路货物周转量达到 23754 亿吨公里，年均增长－3.0%；公路货物周转量达 57956 亿吨公里，年均增长 11.7%；水运货物周转量达到 91345 亿吨公里，年均增长 7.3%；民航货物周转量达到 207 亿吨公里，年均增长 2.1%；管道货物周转量达 4139 亿吨公里，年均增长 12.7%。总体上，管道和公路实现了大幅增长，提高全社会货物周转量增速，而铁路在 2013 年达到高点后转为下滑，并最终表现为负增长。“十二五”时期全国货物周转量完成情况见图 3-15。

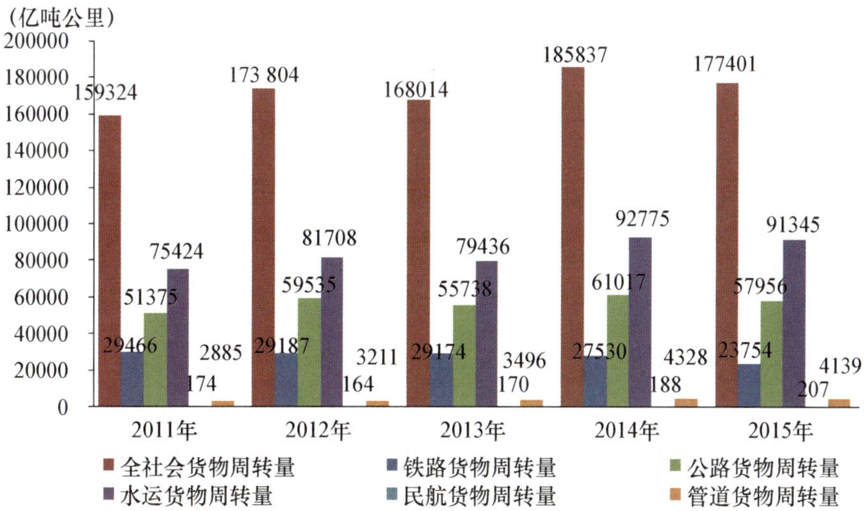

图 3-15 “十二五”时期全国货物周转量完成情况

从各种运输方式货物周转量的发展速度来看，全社会货物周转量增速呈现先快后慢的态势，“十二五”中期增速稳定，2015 年开始出现明显的下行。分方式来看，铁路货物周转量下行趋势和程度最为严重，除在 2011 年实现 6.6%的增长外，然后转为几乎零增长，后两年转为负增长，且 2015 年下行速度进一步加快；公路货物周转量增速趋缓，但总体上尤其是“十二五”初期仍增长较快，2015 年明显放缓，当年仅增长 2.0%；水运方式增速的变化走势与公路相近，先快后慢，但在 2015 年出现了负增长；民航方式增速稳步上升，2015 年货物周转量增速超过 10%；管道方式增速放缓，但增长依然较快，2015 年实现同比增长 6.6%。“十二五”时期全国货物周转量增长情况见图 3-16。

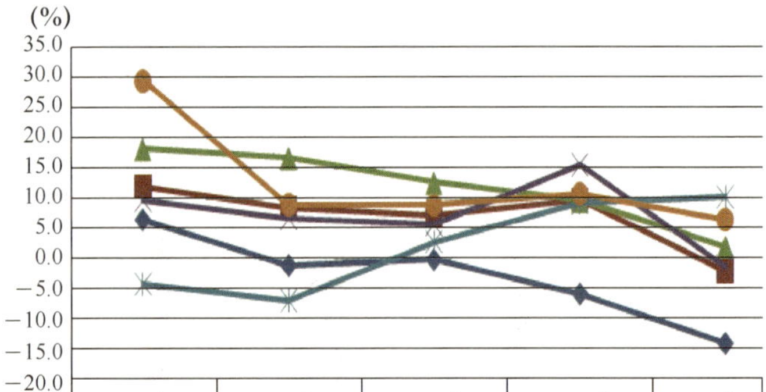

	2011年	2012年	2013年	2014年	2015年
全社会增长率	12.1	8.7	7.3	9.9	−1.9
铁路增长率	6.6	−0.9	0.0	−5.6	−13.7
公路增长率	18.3	16.8	12.7	9.7	2.0
水运增长率	9.9	6.9	5.9	15.7	−1.2
民航增长率	−4.0	−6.8	2.9	9.3	10.4
管道增长率	29.6	9.1	9.0	10.9	6.6

图 3-16 “十二五”时期全国货物周转量增长情况

（六）快递服务增长势头强劲

“十二五”是我国快递业的井喷发展时期，快递业务量和业务收入分别增长了 7.8 倍和 3.8 倍，年支撑国内网购交易额突破 3 万亿元，快递服务能力大幅提高，投递频次明显增加；服务明显改善。2015 年快递年业务量达到 206.7 亿件，稳居世界第一位，业务量年均增速实现 54.6%的超高速增长；快递服务企业业务收入完成 2769.6亿元，最高日处理量超过 1.6 亿件，旺季服务保障能力明显增强。“十二五”时期全国快递服务完成情况见图 3-17。

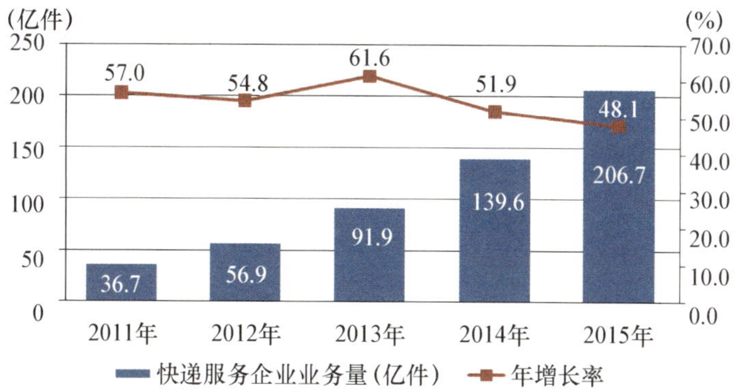

图 3-17　“十二五”时期全国快递服务完成情况

（七）港口生产规模迈上新台阶

“十二五”时期，我国港口货物吞吐量呈现较快增长，“海运强国”战略迈出坚实步伐，内河港口货物吞吐量加快增长，沿海港口货物吞吐量、集装箱吞吐量继续稳居世界首位。2015 年沿海规模以上港口外贸货物吞吐量达 32.3 亿吨，占全球比重超过 1/3，有效服务和支撑了我国作为世界第一货物贸易大国的地位。我国港口完成货物吞吐量 127.5 亿吨，年均增长 7.4%。其中，沿海港口完成货物吞吐量 81.47 亿吨，年均增长 7.6%；内河港口完成货物吞吐量 46.03 亿吨，年均增长 7.0%。“十二五”时期全国港口完成货物吞吐量情况见图 3-18。

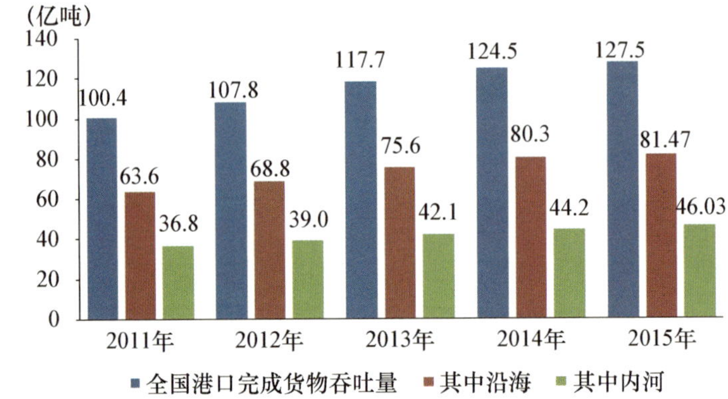

图 3-18 “十二五”时期全国港口完成货物吞吐量情况

2015 年，我国港口完成集装箱吞吐量 2.12 亿标准集装箱（TEU），年均增长 7.7%。其中，沿海港口完成集装箱吞吐量 1.89 亿标准集装箱，年均增长 7.5%；内河港口完成集装箱吞吐量 2249 万标准集装箱，年均增长 8.9%。“十二五”时期全国港口完成集装箱吞吐量情况见图 3-19。

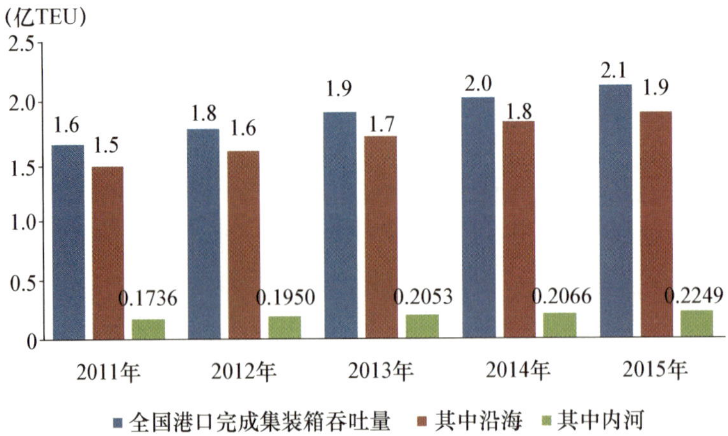

图 3-19 “十二五”时期全国港口完成集装箱吞吐量情况

（八）运输装备规模和技术等级不断提高

“十二五”时期，我国运输装备规模不断增加，技术等级不断提高，高速铁路列控技术自主化和产业化取得突破，汽车安全性能和智能化、超大型专业运输船舶建造、内河船舶标准化、国产大型和支线飞机研制、城市轨道列车自动控制系统等技术装备发展取得进展。智能交通加快发展，电子不停车收费系统（ETC）覆盖全国，新能源汽车在交通运输领域扩大应用，充电设施建设正加快推进。2015 年，全国铁路机车拥有量达到 2.1 万辆，较“十一五”末增加约 0.16 万辆，其中客车拥有量和货车拥有量分别达到 6.5 万辆和 72.3 万辆，较“十一五”末分别增加约 1.29 万辆和 10.1 万辆，尤其是和谐号动车组达到 1883 组，是“十一五”末的 3.92 倍。公路营运性汽车拥有量达到1473.12万辆，较“十一五”末增加 339.8 万辆，其中营运载客汽车拥有量和载货汽车拥有量分别达到 83.93 万辆和 1389.19 万辆，分别较“十一五”末增加约 8000 辆和 339 万辆。内河船舶标准化工作取得进展，船舶运力达到 15.25 万艘，较“十一五”末下降 0.58 万艘；受国际和沿海运输低迷形势影响，远洋和沿海船舶运力总体过剩，目前运力分别达到 2689 艘和 10721 艘，较“十一五”末分别增加了 476 艘和 248 艘。民航机队规模快速增长以适应国际国内客运需求，2015 年年底全国民用运输飞机拥有量达到 2650 架，较“十一五”末增加了 1053 架。“十二五”期间我国主要运输装备规模情况见表 3-1。

表 3-1　　“十二五”期间我国主要运输装备规模

指　标	2011 年	2012 年	2013 年	2014 年	2015 年
全国铁路机车拥有量（万辆）	1.96	1.96	2.08	2.11	2.1
全国铁路客车拥有量（万辆）	5.28	5.58	5.88	6.06	6.5
和谐号动车组（组）	625	825	1003	1404	1883
全国铁路货车拥有量（万辆）	64.9	70.4	68.8	71.01	72.3
公路营运汽车拥有量（万辆）	1263.75	1339.89	1504.73	1537.93	1473.12
公路营运载客汽车拥有量（万辆）	84.34	86.71	85.26	84.58	83.93
公路营运载货汽车拥有量（万辆）	1179.41	1253.19	1419.48	1453.36	1389.19
全国水上运输船舶拥有量（万艘）	17.92	17.86	17.26	17.2	16.59
内河运输船舶（万艘）	16.58	16.52	15.91	15.83	15.25
沿海运输船舶（艘）	10902	10947	11024	11048	10721
远洋运输船舶（艘）	2494	2486	2457	2603	2689
民用运输飞机架数（架）	1764	1941	2145	2370	2650

数据来源：铁路运输装备数据来自原铁道部和中国铁路总公司历年年报，公路和民航数据来自国家统计局网站，民用运输飞机架数来自历年民航行业发展统计公报，水运数据来自交通运输部历年统计公报。

二、2015 年度主要发展成就

（一）交通建设投资实现高位稳步增长

2015 年，铁路、公路、水路、民航合计完成建设投资 2.5 万亿元[1]，规模依然较大，同比增速先快后慢，全年同比增长 6.4%，增速较上年回落 1.6 个百分点。其中，公路和铁路建设

[1] 铁路投资数据来自中国铁路总公司快报数，仅包括国家和合资铁路建设投资，不含地方铁路建设投资；其他方式投资数据分别来自交通运输部、中国民用航空局的快报数。

仍然是投资增长的核心驱动力，占约91%的份额，全年同比增长分别为6.7%和7.5%，增速比2014年分别下降4.7和上升3.6个百分点；水路投资零增长，全年完成投资额1460亿元，但内河建设投资增速大幅加快，全年同比增长5.4%；民航投资较上年增加约20亿元，全年同比增长2.7%，对投资增长的贡献最小。总体上，交通建设投资实现了高位稳步增长，有效支撑了国家促投资稳增长的战略要求。2015年各月交通累计投资完成情况见图3-20。

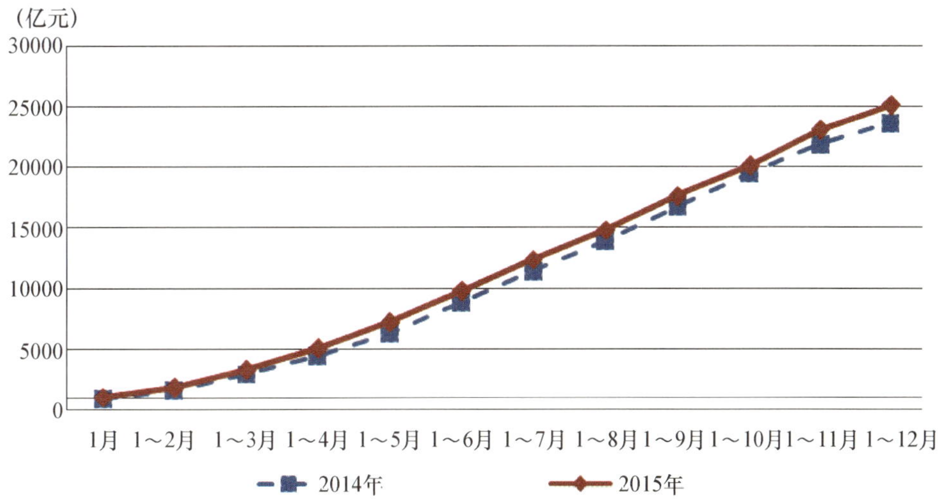

图3-20 2015年各月交通累计投资完成情况

(二) 交通基础设施规模大幅增加

2015年，我国综合交通网里程新增13.76万公里。其中，铁路新线投产9531公里以上；新增公路里程11.34万公里（高速公路1.16万公里）；新增内河航道通航里程721公里。全年改造提升新增三级及以上航道里程 691 公里，新建改建农村公路超过 24 万公里，新增民用运输机场 8 个，交通基础设施支撑引领经济社会发展的能力逐步提升。2015 年全国主要交通路网设施增长情况见图 3-21。

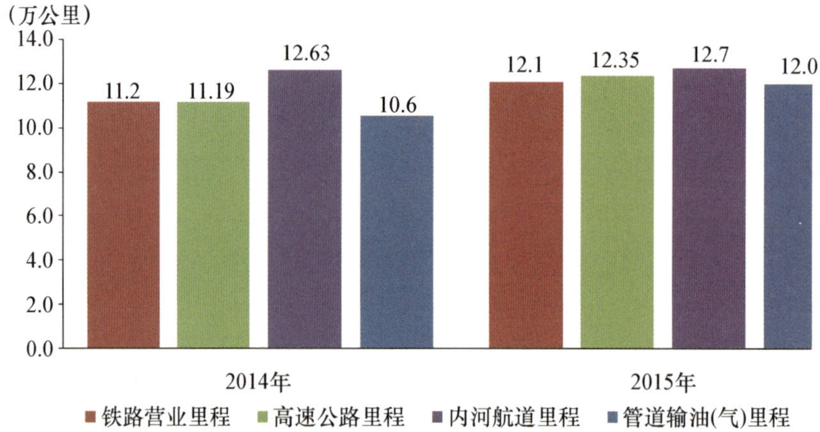

图 3-21　2015 年全国主要交通路网设施增长情况

（三）客运结构调整加快

2015 年，全社会共完成营业性客运量 194.3 亿人，同比下降 4.4%，近年首现负增长，增速较上年回落 8.2 个百分点。其中，民航、铁路均保持了两位数的增长，同比分别增长 10.0%和 11.1%，成为旅客运输增长的主力；公路呈现负增长，因其权重较大，对总量增速影响明显；水路增速大幅收窄，增速较上年回落 9.5 个百分点，在旅客运输中的作用继续下降。总体反映出随着收入增加，人民群众出行方式选择趋向高速化、高端化，旅客运输结构加快调整。2015 年各月全社会客运量完成情况见图 3-22。

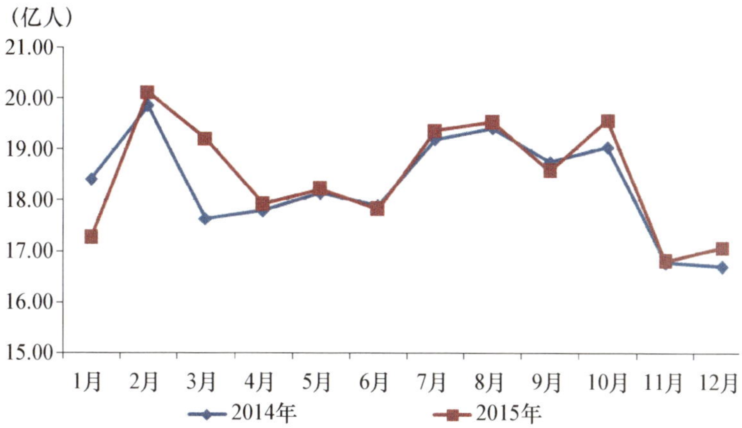

图 3-22 2015 年各月全社会客运量完成情况

注：本图中 2015 年各月的公路旅客运输量和周转量来自交通运输部快报数据，与全年总量的统计口径有差异。

（四）旅客周转量实现小幅增长

2015 年，我国全社会共完成营业性旅客周转量 30047 亿人公里，比上年增长 4.9%，增速较上年下降 3.9 个百分点。其中，民航旅客周转量增速最快，全年完成旅客周转量 7270.7 亿人公里，比上年增长 14.8%，增速较上年提升 2.8 个百分点；铁路旅客周转量增速次之，全年完成旅客周转量 11960.6 亿人公里，比上年增长 6.4%，增速较上年下降 3.1 个百分点，在中短途客运市场份额增大；公路和水路的旅客周转量均出现了负增长，分别完成旅客周转量 10742.7 亿人公里和 73.1 亿人公里，分别比上年下降 2.3% 和 1.7%，增速分别较上年下降 8.8 和 10.6 个百分点，显示公路和水路的市场份额正在逐渐下降，尤其是公路运输在长距离客运市场的份额下降明显。2015 年各月全社会旅客周转量完成情况见图 3-23。

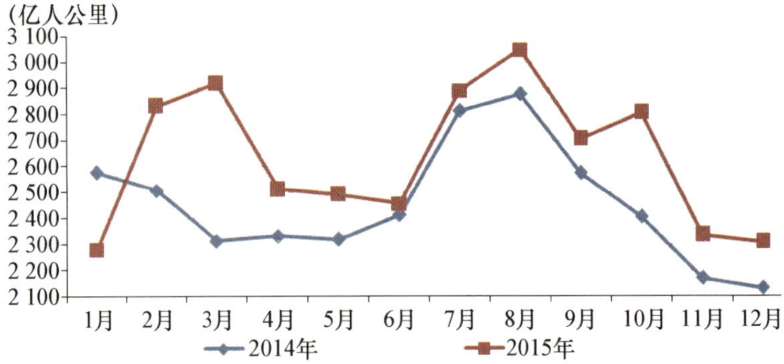

图 3-23　2015 年各月全社会旅客周转量完成情况

（五）货运量与往年基本持平

2015 年，全社会合计完成货运量 417.1 亿吨，同比增长 0.2%，增速较上年回落 6.9 个百分点。其中，虽然经济下行压力加大导致货运行业低迷，但公路在油价下跌成本下降、全社会零散小件运输强劲增长等影响下，仍然实现了正增长，完成货运量 315.0 亿吨，同比增长 1.2%；铁路受煤炭、钢铁、矿石等传统大宗货运量下行加剧、件杂货占比上升但比重较小等影响，总体降幅加大，完成货运量 33.6 亿吨，同比下降 11.9%；水路和民航保持平稳增长，但增速也明显趋缓，其中水路完成货运量 61.4 亿吨，同比增长 2.5%：民航完成货运量 625 万吨，同比增长 5.2%。2015 年各月全社会货物运输完成情况见图 3-24。

（六）货物周转量首现负增长

2015 年，我国全社会共完成货物周转量 177400.7 亿吨公里，同比下降 1.9%，“十二五”以来首次出现负增长。其中，铁路货物周转量下降比较严重，完成货物周转量 23754.3 亿吨公里，同比下

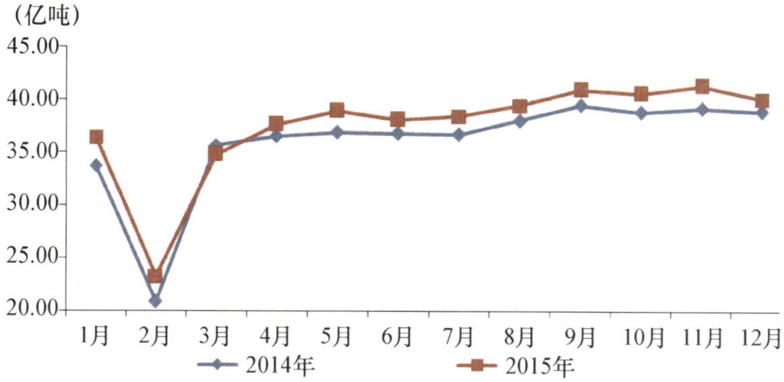

图 3-24 2015 年各月全社会货物运输量完成情况

注：数据包括铁路、水路、公路和民航，不包括管道，图 3-25 同。

降 13.7%，对总量下滑的带动作用显著；公路货物周转量实现了小幅增长，完成货物周转量 57955.7 亿吨公里，同比增长 2.0%；水运货物周转量占全社会货物周转量比重超过 50%，出现了小幅下降，完成货物周转量 91344.6 亿吨公里，同比下降 1.2%；民航货物周转量逆势上扬，全年实现 10.4%的增长，共完成货物周转量 207.3 亿吨公里；管道运输也保持了较好的增长势头，完成货物周转量 4138.8亿吨公里，同比增长 6.6%，增速小幅放缓。2015 年各月全社会货物周转量完成情况见图 3-25。

（七）快递业务持续高速增长

2015 年，我国邮政企业和全国快递服务企业业务收入（不包括邮政储蓄银行直接营业收入）累计完成 4039.3 亿元，同比增长 26.1%。其中，快递服务企业业务量累计完成 206.7 亿件，同比增长 48%；业务收入累计完成 2769.6 亿元，同比增长 35.4%。其中，

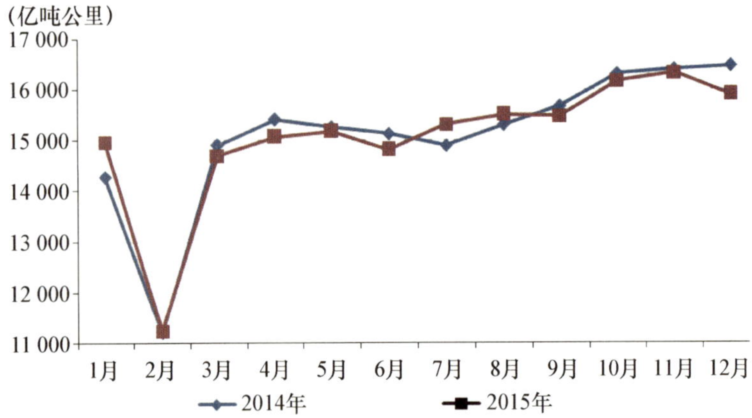

图 3-25 2015 年各月全社会货物周转量完成情况

快递同城业务收入累计完成 400.8 亿元，同比增长 50.7%；异地业务收入累计完成 1512.9 亿元，同比增长 33.8%；国际及港澳台业务收入累计完成 369.6 亿元，同比增长 17%。邮政普遍服务和快递服务满意度稳中有升，消费者申诉处理满意率达到 97%。

（八）港口吞吐量增速出现结构性变化

2015 年，我国规模以上港口完成货物吞吐量 114.64 亿吨、集装箱 2.1 亿标准集装箱，同比分别增长 1.9%和 4.3%，增速分别下降 3.2 和 2.1 个百分点。从全年变化特征看，外贸货物先降后升，下半年虽有回升但势头不稳，全年同比增长 1.4%；内贸货物先升后降，9 月份开始转向负增长，全年同比增长 1.9%；从全年增速看，呈现内贸优于外贸、内河快于沿海、集装箱好于散货的新排位。内河港口的集装箱和外贸货物吞吐量分别实现了 8.9%和 12.2%的增长，增速分别比沿海港口快 4.9 和 11.2 个百分点，长江内河水运的带动作用开始显现，长江经济带发展战略背景下的产业转移有所加快。2015 年我国沿海规模以上港口各月货物吞吐量见图 3-26。

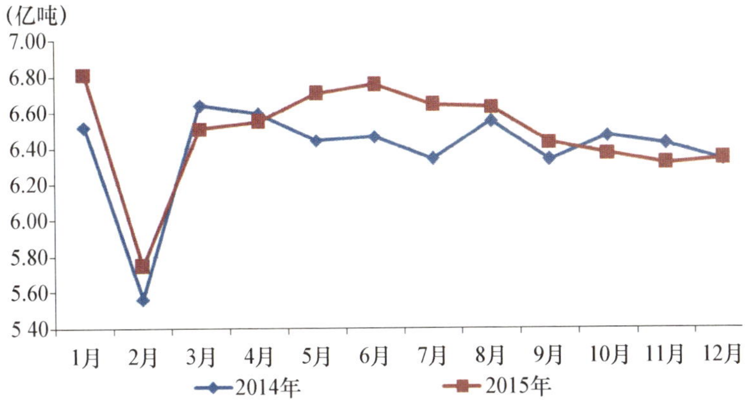

图 3-26　2015 年我国沿海规模以上港口各月货物吞吐量

(九) 运输装备规模结构与市场更加适应

2015 年，我国铁路机车拥有量比上年减少 69 台，铁路客车拥有量比上年增加约 4000 辆；与铁路客运高速化的趋势相适应，动车组比上年增加 479 组、3952 辆。公路营运性汽车拥有量达到 1473.12万辆，比上年减少 64.81 万辆；其中营运载客汽车拥有量和载货汽车拥有量分别达到 83.93 万辆和1389.19万辆，分别比上年减少了 0.65 万辆和 64.17 万辆，与道路客运行业低迷和经济下行导致货运需求疲软态势呼应；内河船舶运力达到 15.25 万艘，比上年减少 0.58 万艘，与内河船舶标准化工作不断加快、淘汰老旧运输船舶取得进展有关。民航全行业运输飞机期末在册架数 2650 架，比上年增加 280 架，以适应快速增长的国际国内运输需求。2015 年部分运输装备变动情况见图 3-27。

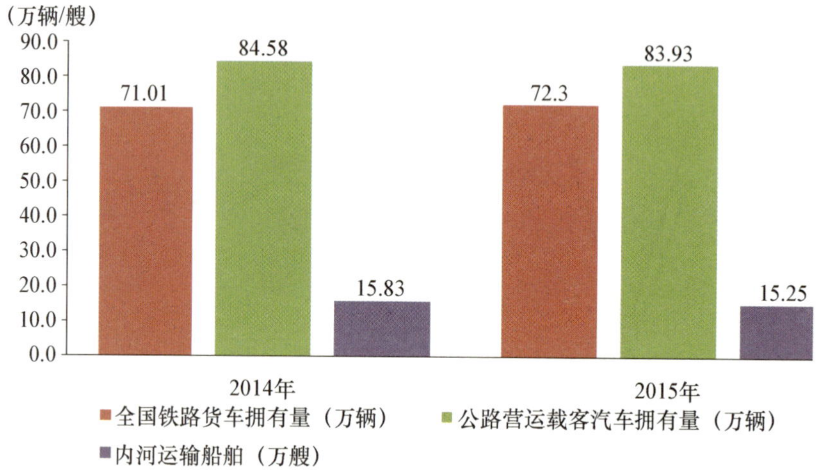

图 3-27　2015 年部分运输装备变动情况

Chapter 04

第四章

改革政策

一、综述

2015年是我国全面深化改革的关键之年，是全面完成“十二五”规划的收官之年。一年来，按照中央经济工作会议部署，紧紧围绕主动适应经济发展新常态和全面建成小康社会目标要求，我国交通运输领域以“提质增效”为中心，着力转型升级，狠抓改革攻坚，突出创新驱动，研究制定出台了一系列规划和政策文件，促进了经济平稳健康发展和社会稳定。

（一）超前布局谋划，编制实施一批重大战略规划

围绕“十三五”时期及未来交通运输发展面临的新情况、新变化，提前谋划，下大力气研究编制交通运输发展重大战略规划，着力构建层次分明、功能清晰、实用管用的战略规划体系，促进交通运输业持续健康发展。

一是积极开展“十三五”专项规划研究编制工作。为认真做好《中共中央关于制定国民经济和社会发展第十三个五年规划的建议》起草工作，国家发展改革委会同有关部门圆满完成了《“十三五”时期交通基础设施建设的主要任务》、《“十三五”时期推进长江经济带发展的主要任务》等研究工作。在此基础上，通过深化研究，形成《“十三五”现代综合交通运输体系发展规划》、《“十三五”内河航道建设实施方案》等文件送审稿。此外，交通运输部及其归口行业管理部门（国家铁路局、中国民航局、国家邮政局）也都在积极编制相关行业“十三五”发展专项规划。

二是支撑区域发展战略，编制交通专项规划。围绕实施“三大战略”和统筹四大板块、推进新型城镇化发展，加强交通专项规划对战略实施的有力支撑。为贯彻落实《京津冀协同发展规划纲要》，按照京津冀协同发展领导小组办公室要求，2015 年国家发展改革委会同交通运输部研究制定了《京津冀协同发展交通一体化规划》，经多次修改完善并报领导小组同意，于 2015 年 11 月 18 日印发实施。同时，为充分发挥北京新机场大型国际航空枢纽辐射作用，国家发展改革委组织编制了《北京新机场临空经济区规划》。围绕推动新型城镇化发展，国家发展改革委还研究制定了《城镇化地区综合交通网规划》，于 2015 年 11 月 24 日印发实施。此外，国家发展改革委

正在研究编制“一带一路”综合交通规划、高速公路支撑“三大战略”发展实施方案。

三是积极谋划中长期交通发展战略蓝图。为更好地适应经济发展新常态和交通发展需要，2015 年，国家发展改革委会同有关方面组织开展全国中长期铁路和民用运输机场布局规划的修编工作。为科学谋划和指导我国中长期民用运输机场布局建设，构建规模适当、结构合理、层次清晰、功能完善的机场体系，国家发展改革委会同民航局组织修编了《全国民用运输机场布局规划（2030 年）》，完成送审稿。2015 年年初，国家发展改革委启动了中长期铁路网规划修编工作，委托中国铁路总公司为主组织研究提出规划方案建议，同时组织综合运输研究所、中咨公司等组成规划研究小组，着重围绕路网规模、规划方案以及重点地区、重点项目和重要通道等重大问题进行深化研究。

（二）创新发展理念，构建支撑引领为核心的政策体系

按照党中央、国务院有关工作部署，国家发展改革委和交通运输行业管理部门着眼经济社会发展全局，转变交通发展方式和理念，围绕加强和优化宏观调控，加强重大政策措施研究储备，着力构建以支撑引领为核心的交通运输政策体系。

一是出台支撑引领意见统领行业发展。交通运输是国民经济重要的基础产业，对经济社会发展具有战略性、全局性影响。为主动适应经济发展新常态，更好地发挥交通运输在经济社会发展中的基础性和先导性作用，促进交通运输由“跟跑型”向“引领型”转变，使交通真正成为发展的先行官，2015 年 5 月国家发展改革委出台了《关于当前更好发挥交通运输支撑引领经济社会发展作用的意见》。

该意见围绕实施国家重大战略，立足当前经济工作重心，着眼“十三五”谋篇布局和加快交通现代化进程，对交通运输发展进行了全面深入谋划，系统部署了八个方面三十项重点任务。2015 年 7 月，交通运输部出台《关于以“四个全面”战略布局为统领当好经济社会发展先行官的指导意见》，突出交通运输先导性作用，推进综合交通、智慧交通、绿色交通、平安交通建设，加快构建现代综合交通运输体系。

二是完善交通支撑引领系列政策措施。创新宏观调控思路和方式，从交通发展和稳增长两个层面入手，以发挥交通支撑引领作用为主线，完善政策体系，建立政策储备库，为定向调控、相机调控提供抓手。2015 年 8 月，国家发展改革委出台《关于加强城市停车设施建设的指导意见》，研究制定《加快城市停车设施建设近期工作要点与任务分工》。10 月，国务院印发《关于促进快递业发展的若干意见》，以解决制约快递业发展的突出问题为导向，以“互联网＋”快递为发展方向，培育壮大市场主体，融入并衔接综合交通体系，促进快递业转型升级和提质增效，培育现代服务业新增长点，更好地发挥快递业对稳增长、促改革、调结构、惠民生的作用。此外，积极推进“互联网＋”便捷交通实施方案、综合交通枢纽建设实施意见、城际铁路和市郊铁路发展指导意见、通用航空发展指导意见、干线公路与城市道路衔接指导意见等系列文件的研究编制工作。

（三）积极主动作为，全面深化交通运输领域改革

按照中央全面深化改革的决策部署，立足当前，着眼长远，高效务实，主动作为，扎实有效地将交通运输领域改革推向深入。

一是大力推进行政审批制度改革。贯彻落实“简政放权、放管结合、优化服务”有关要求，推进政府职能转变，积极主动推动行政审批制度改革。2015 年 1 月，国家发展改革委出台《关于加强城市轨道交通规划建设管理的通知》，指导地方做好城市轨道交通项目审批权限下放后的落实和衔接工作；4 月，印发《关于简化铁路建设项目审批程序的通知》，铁路项目不再审批项目建议书，直接审批可行性研究报告；5 月，城市轨道交通规划调整审批权限的简化方案报经国务院同意；12 月，经国务院同意印发《关于下放部分交通项目审批权和简化审批程序的通知》，下放 7 项审批事项，除涉及国务院审批权的机场项目外，规划内其余全部交通项目简化为一道审批手续；积极推动高速公路审批改革。2015 年交通运输部共取消或下放 35 项行政审批事项，取消全部非行政许可项目，16 项工商登记前置性审批全部改为后置性审批。

二是持续推动交通投融资体制改革。牢牢抓住铁路投融资体制改革“牛鼻子”，积极拓展铁路建设投融资渠道。2015 年 6 月，国家发展改革委出台支持铁路发展基金的优惠政策，设立专项信托计划，放宽认购金额限制，支持公募基金产品进行投资；7 月，会同财政部、国土资源部、银监会、国家铁路局出台《关于进一步鼓励和扩大社会资本投资建设铁路的实施意见》，推行重大项目业主招标、简化接轨手续、推动土地综合开发，充分发挥社会资本特别是民间资本的积极作用；12 月，印发《关于做好社会资本投资铁路项目示范工作的通知》，重点推出一批示范项目，因地制宜推广政府与社会资本合作模式（PPP），着力打通社会资本投资建设铁路“最后一公里”。公路、水路方面，按照国家深化财税体制改革的总体要求，交通运输部出台了《关于深化交通运输基础设施投融资改革的指导意见》，旨在建立支持公路、水路基础设施建管养运“政府主导、分级负责、多元筹资、规范高效”的投融资政策机制。

三是不断深化交通运输价格机制改革。积极推动交通运输价格改革向纵深发展，加快完善主要由市场决定的价格形成机制。2015年10月，《中共中央国务院关于推进价格机制改革的若干意见》发布，明确提出要健全交通运输价格机制。逐步放开铁路运输竞争性领域价格，扩大由经营者自主定价的范围；完善铁路货运与公路挂钩的价格动态调整机制，简化运价结构；构建以列车运行速度和等级为基础、体现服务质量差异的旅客运输票价体系。逐步扩大道路客运、民航国内航线客运、港口经营等领域由经营者自主定价的范围，适时放开竞争性领域价格，完善价格收费规则。放开邮政竞争性业务资费，理顺邮政业务资费结构和水平。实行有利于促进停车设施建设、有利于缓解城市交通拥堵、有效促进公共交通优先发展与公共道路资源利用的停车收费政策。进一步完善出租汽车运价形成机制，发挥运价调节出租汽车运输市场供求关系的杠杆作用，建立健全出租汽车运价动态调整机制以及运价与燃料价格联动办法。此外，国家发展改革委联合相关部门先后出台了《关于调整铁路货运价格进一步完善价格形成机制的通知》、《关于放开部分邮政业务资费有关问题的通知》、《关于进一步完善机动车停放服务收费政策的指导意见》等系列政策文件，加快推动交通运输价格机制改革。

四是继续推动公路水路管理体制改革。自2015年1月交通运输部出台《关于全面深化交通运输改革的意见》以来，收费公路管理体制改革就备受社会关注。7月，交通运输部发布《收费公路管理条例》（修订稿），向社会公开征求意见。其主要政策措施包括：改革收费公路管理模式，对政府投资的收费公路实行收支两条线，通行费收支纳入政府预算管理；对采用政府与社会资本合作模式及社会资本全额投资建设的经营性高速公路，实行特许经营；政府收费的高速公路实行“统借统还”（即在一省范围内实行“统一举债、统一收费、统一还款”），收费期限以路网实际偿债期确定，不再受具体年限限制；偿债期、经营期届满后，实行养护管理收费。与其同时，交通运输部着力深化水路管理体制改革，率先推动长江航道管理体制改革，启动了《深化长江航运体制改革方案》研究编制工作。

五是积极推进出租汽车行业市场化改革。随着我国经济社会的快速发展、城市形态的剧烈变化和“互联网+”时代的来临，互联网约车、各种专车等新业态带着新的信息技术和服务模式进入城市出行领域，倒逼出租汽车行业市场化改革。对此，交通运输部在会同有关部门多次组织社会各界召开出租汽车行业改革专题座谈会和研讨会的基础上，形成了《关于深化改革进一步推进出租汽车行业健康发展的指导意见》和《网络预约出租汽车经营服务管理暂行办法》。

（四）完善法规体系，加快推进交通运输法治建设

2015 年是我国全面推进依法治国的开局之年。为深入贯彻落实《中共中央关于全面推进依法治国若干重大问题的决定》，交通运输行业主管部门着力加强交通运输法治建设，努力在法制轨道上推进交通运输改革和发展：一是加强顶层设计和整体谋划，交通运输部研究制定了《关于全面深化交通运输法治政府部门建设的意见》；二是不断完善综合交通运输法律法规体系，全国人大常委会审议通过了《邮政法》（修订），新颁布的《航道法》得到了大力宣贯和实施，《海上交通安全法》、《城市公共交通条例》、《收费公路管理条例》、《快递暂行条例》、《道路运输条例》等重点法律法规的修订与立法进程稳步推进；三是新颁布施行了一批部门规章制度，具体包括《关于建立综合

交通运输法规体系框架的实施意见》、《交通运输法规制定程序规定》、《公路建设项目代建管理办法》、《农村公路养护管理办法》、《内河运输船舶标准化管理规定》、《中华人民共和国海上海事行政处罚规定》、《铁路建设工程质量监督管理规定》、《民用机场专用设备检验机构认定办法》、《邮政普遍服务监督管理办法》等，共计 92 件部门规章。

二、重大规划和政策

（一）交通战略规划

1. 京津冀协同发展交通一体化规划

2015 年 11 月 18 日，国家发展改革委和交通运输部联合印发《京津冀协同发展交通一体化规划》。规划提出，到 2020 年，京津冀交通一体化多节点、网格状的区域交通网络基本形成，城际铁路主骨架基本建成，公路网络完善通畅，港口群、机场群整体服务水平、交通智能化、运营管理力争达到国际先进水平，基本建成安全可靠、便捷高效、经济适用、绿色环保的综合交通运输体系，形成京津石中心城区与新城、卫星城之间的“1 小时通勤圈”，京津保唐“1 小时交通圈”，相邻城市间基本实现 1.5 小时通达，为京津冀协同发展提供坚实基础和保障条件。到 2030 年，形成“安全、便捷、高效、绿色、经济”的一体化综合交通运输体系，为建设具有较强国际竞争力和重要影响力的世界级城市群提供有力支撑。

根据规划，未来京津冀地区将以“四纵四横一环”综合运输大通道为主骨架，重点完成八项任务。“四纵”即沿海通道、京沪通道、京九通道、京承—京广通道，“四横”即秦承张通道、京秦—京张通道、津保通道和石沧通道，“一环”即首都地区环线通道。八项任务主要包括：一是建设高效密集轨道交通网。强化干线铁路与城际铁路、城市轨道交通的高效衔接，着力打造“轨道上的京津冀”。二是完善便捷通畅公路交通网。加快推进首都地区环线等区域内国家高速公路建设，打通国家高速公路“断头路”。全面消除跨区域国省干线“瓶颈路段”；以环京津贫困地区为重点，实施农村公路提级改造、安保和危桥改造工程。三是构建现代化的津冀港口群。加强津冀沿海港口规划与建设的协调，推进区域航道、锚地、引航灯资源的共享共用，鼓励津冀两地港口企业跨行政区投资、建设、经营码头设施。四是打造国际一流的航空枢纽。形成枢纽机场为龙头、分工合作、优势互补、协调发展的世界级航空机场群。五是发展公交优先的城市交通。优化城市道路网，加强微循环和支路网建设；推进城市公共交通场站和换乘枢纽建设，推广设置潮汐车道，试点设置合乘车道。六是提升交通智能化管理水平。绘制京津冀智能交通“一张蓝图”，打造交通运输信息共享交换“一个平台”，推动城市常规公交、轨道、出租汽车等交通“一卡通”，实现交通运输监管应急“一张网”。七是实现区域一体化运输服务。推动综合客运枢纽、货运枢纽（物流园区）等运输节点设施建设，加强干线铁路、城际铁路、干线公路、机场与城市轨道、地面公交、市郊铁路等设施的有机衔接，实现“零距离换乘”。鼓励“内陆无水港”、“公路港”和“飞地港”建设。八是发展安全绿色可持续交通。统一京津冀地区机动车注册登记、通行、排放标准、老旧车辆提前报废及黄标车限行等政策。

2. 城镇化地区综合交通网规划

2015 年 11 月 24 日，国家发展改革委和交通运输部联合发布《城镇化地区综合交通网规划》。规划确定了京津冀、长江三角洲、珠江三角洲、长江中游、成渝、海峡西岸、山东半岛、哈长、辽中南、中原、东陇海、关中—天水、北部湾、太原、滇中、黔中、呼包鄂榆、兰州—西宁、天山北坡、宁夏沿黄、藏中南 21 个城镇化地区，涵盖 215 个城市。规划提出，至 2020 年，京津冀、长江三角洲、珠江三角洲三大城市群基本建成城际交通网络，相邻核心城市之间、核心城市与周边节点城市之间实现 1 小时通达，其余城镇化地区初步形成城际交通网络骨架，大部分核心城市之间、核心城市与周边节点城市之间实现 1～2 小时通达。城际铁路运营里程达到 3.6 万公里（其中新建城际铁路约 8000 公里），覆盖 98％的节点城市和近 60％的县（市）；新建和改扩建国家高速公路约 1.3 万公里。展望 2030 年，基本建成城镇化地区城际交通网络，核心城市之间、核心城市与周边节点城市之间实现 1 小时通达。《规划》的重点任务主要包括：一是完善城镇化地区间综合运输通道。依托“五纵五横”综合运输大通道，有效支撑国家“两横三纵”城镇化空间布局，加密骨干通道，优化通道布局，强化西北与华东华南、西南与东北华北地区之间的连接，实现 21 个城镇化地区的高效联通。二是构建城镇化地区内部综合交通网。以综合运输大通道为主骨架，重点建设城镇化地区城际铁路网；完善国家高速公路网，适度建设地方高速公路，强化国省干线公路，畅通、衔接干线公路与城市道路；优先发展城市公共交通，鼓励采取开放式、立体化方式建设集铁路、公路、机场、城市交通于一体的综合交通枢纽。

（二）交通运输政策

1. 关于当前更好发挥交通运输支撑引领经济社会发展作用的意见

2015 年 5 月，国家发展改革委出台《关于当前更好发挥交通运输支撑引领经济社会发展作用的意见》，系统部署了“十三五”及中长期我国交通运输发展重点加强的八个方面三十项重点任务，具体内容见本报告附录2.1。

2. 关于进一步鼓励和扩大社会资本投资建设铁路的实施意见

2015年7月，国家发展改革委等五部门联合印发《关于进一步鼓励和扩大社会资本投资建设铁路的实施意见》，进一步鼓励和扩大社会资本对铁路的投资，拓宽投融资渠道，完善投资环境，合理配置资源，促进市场竞争，推动体制机制创新，促进铁路事业加快发展。具体内容见本报告附录2.2。

3. 关于加强城市停车设施建设的指导意见

2015年8月，国家发展改革委等七部门联合印发《关于加强城市停车设施建设的指导意见》，立足城市交通发展战略，统筹动态交通与静态交通，以停车产业化为导向，在城市规划、土地供应、金融服务、收费价格、运营管理等方面加大改革力度和政策创新，着力解决城市停车难问题。具体内容见本报告附录2.3。

4. 关于调整铁路货运价格进一步完善价格形成机制的通知

为适应运输市场发展，加快推进铁路建设和发展，2015年1月，国家发展改革委印发《关于调整铁路货运价格进一步完善价格形成机制的通知》，建立了铁路货运价格上下浮动机制，取消了铁路运输企业收取的大宗货物综合物流服务费，进一步推动了铁路货运价格市场化改革。具体内容见本报告附录2.4。

5. 关于进一步完善机动车停放服务收费政策的指导意见

随着我国经济社会发展和人民生活水平提高，机动车保有量快速增长，停车设施总量不足、资源配置效率不高等问题日益显现，“停车难”和城市交通拥堵矛盾日渐加剧，制约了人居环境改善和城市可持续发展。根据《中共中央国务院关于推进价格机制改革的若干意见》，为进一步完善机动车停放服务收费形成机制，充分发挥价格杠杆作用，促进停车设施建设，提高停车资源配置效率，推动停车产业优化升级，2015 年 12 月，国家发展改革委联合住房和城乡建设部、交通运输部等部门出台了《关于进一步完善机动车停放服务收费政策的指导意见》，具体内容见本报告附录 2.5。

6. 关于促进快递业发展的若干意见

2015 年 5 月，国务院出台《关于促进快递业发展的若干意见》，以解决制约快递业发展的突出问题为导向，以“互联网＋”快递为发展方向，培育壮大市场主体，融入并衔接综合交通体系，扩展服务网络惠及范围，保障寄递渠道安全，促进行业转型升级和提质增效，不断满足人民群众日益增长的寄递需求，更好服务于国民经济和社会发展。

7. 中华人民共和国航道法

2014 年 12 月 28 日，国家主席习近平签署了第十七号主席令，公布：《中华人民共和国航道法》已由中华人民共和国第十二届全国人民代表大会常务委员会第十二次会议通过，现予公布，自 2015 年 3 月 1 日起施行。《航道法》核心内容主要规定了八个方面的制度：一是规定了航道的含义和范围；二是确立了管理体制，赋予各级航道管理机构执法主体资格；三是明确了政府资金投入义务，规定政府要在财政预算中合理安排航道建设和养护资金；四是规定了航道规划制度，明确航道规划的编制主体和具体要求及与相关规划的关系；五是规范了航道养护义务，强化政府部门的养护保通责任；六是确立了航道保护范围划定制度，明确航道保护范围的划定、公布主体和程序；七是设立了拦河建筑上建设通航建筑物的“五同时”、航道影响评价审核、水位衔接保证等航道保护的核心制度；八是规定了法律责任，对危害、损害、破坏航道的行为设定了较为严格的处罚及强制措施。

三、述评

2015 年，在交通运输领域研究制定出台了一系列重大规划和政策文件，涉及多行业发展指导意见和多项改革政策措施。这些“新政”在实施过程中逐步释放出新的发展活力和改革红利，有效地促进了交通运输业健康可持续发展。诚然，已出台的政策文件亟待进一步贯彻落实，发挥出最大效用；尚处于研究编制中的政策文件需要加快实现成果转换，不断完善交通运输规划政策法规体系。

（一）规划先行，政策引导，促进交通运输科学发展

2015 年陆续出台的法律、规划、政策等对于交通运输行业的科学和可持续发展提供了支撑。《航道法》的公布实施，对于促进航道科学发展、安全发展，合理开发、综合利用好水资源，保障航道畅通和航行安全，维护社会各界依法使用航道的权益，充分发挥航道在构建综合交通运输体系中的基础性作用，促进国民经济全面协调可持续发展，谋划由东向西、由沿海向内地、沿大江大河和陆路交

通干线梯度推进的区域发展新棋局，具有重要意义。《京津冀协同发展交通一体化规划》提出的“四纵四横一环”交通网络主骨架、绘制京津冀智能交通“一张蓝图”、实现区域一体化运输服务，以及规划同图、建设同步、管理协同等理念，为有序疏解北京非首都功能，扎实推进京津冀协同发展、打造世界级城市群提供了重要支撑。《城镇化地区综合交通网规划》提出了构建城镇化地区以轨道交通和高速公路为骨干，以普通公路为基础，以水运、民航为有效补充，高效衔接大中小城市和小城镇的结构优化、层次多样、快速便捷交通运输网络，对未来我国京津冀、长江三角洲、珠江三角洲等 21 个城镇化地区以及其他陆路边境口岸城镇化地区的交通发展具有重要指导作用。《关于当前更好发挥交通运输支撑引领经济社会发展作用的意见》的出台引起了社会舆论的广泛关注和积极评价，社会各方面对交通运输发展的预期和共识进一步增强，成为指导交通全行业、各部门和地方推动交通发展的纲领性文件。

（二）简政放权，提高效率，逐步释放发展活力

2015 年交通运输业陆续出台许多以市场为导向的简政放权的政策，从政策实施效果来看，增强了经济发展的内生动力。《国家发展改革委关于下放部分交通项目审批权和简化审批程序的通知》、《关于简化铁路建设项目审批程序的通知》、《关于优化完善城市轨道交通建设规划审批程序的通知》等文件的出台，提高了行政审批效率，办理时限缩短，项目前期工作节奏明显提速。项目审批权下放后，强化了地方主体地位和责任意识，降低了企业市场准入成本，极大地激发了市场和社会活力，释放了巨大的“改革红利”，为推动交通运输健康持续发展提供了强大动力。

(三) 以市场为导向，推动投融资、运价等改革创造改革红利

在交通运输领域大力推进政府与社会资本合作（PPP）示范项目，鼓励社会资本进入交通建设领域。《关于进一步鼓励和扩大社会资本投资建设铁路的实施意见》、《国家发展改革委关于做好社会资本投资铁路项目示范工作的通知》等文件的出台，拓宽了交通建设投融资渠道，进一步改善了社会资本投资环境，加大了对社会资本投资的政策支持。取消船舶港务费等七项政府收费，发布了《关于调整铁路货运价格进一步完善价格形成机制的通知》、《关于进一步完善机动车停放服务收费政策的指导意见》等文件的颁布实施，进一步推动了交通运输市场化改革，使市场在资源配置中起决定性作用，更好发挥政府作用，为经济社会发展营造良好的价格环境。

(四) 推动战略规划政策精准实施，加强成果转化及政策研究

2015 年抓好《京津冀协同发展交通一体化规划》、《城镇化地区综合交通网规划》等交通重大战略、重大规划、重大项目、重大改革、重大政策的实施。2015 年启动了一系列交通运输政策研究，2016 年着眼“十三五”及未来发展面临的新情况、新变化，加快推进研究成果转化，适时出台包括进一步发挥交通扶贫脱贫攻坚基础支撑作用的实施意见、“互联网＋”便捷交通实施方案、推动综合交通枢纽建设的实施意见、加快城际铁路发展实施意见、加快市郊铁路发展实施意见、加快通用航空业发展指导意见、促进干线公路与城市道路有效衔接的指导意见等政策文件。

2015 年国务院、国家发展改革委颁发的交通运输政策文件见表 4-1。

表 4-1　2015 年国务院、国家发展改革委交通运输政策文件颁发情况

序号	文件名称	文件号	发文单位	颁发日期
1	关于促进快递业发展的若干意见	国发〔2015〕61 号	国务院	2015-10-23
2	京津冀协同发展交通一体化规划	发改基础〔2015〕2689 号	国家发展改革委、交通运输部	2015-11-18
3	城镇化地区综合交通网规划	发改基础〔2015〕2706 号	国家发展改革委、交通运输部	2015-11-24
4	关于当前更好发挥交通运输支撑引领经济社会发展作用的意见	发改基础〔2015〕969 号	国家发展改革委	2015-05-07
5	关于加强城市轨道交通规划建设管理的通知	发改基础〔2015〕49 号	国家发展改革委	2015-01-12
6	关于简化铁路建设项目审批程序的通知	发改基础〔2015〕654 号	国家发展改革委	2015-04-02
7	关于支持铁路发展基金相关政策的复函	发改办基础〔2015〕1453 号	国家发展改革委	2015-06-08
8	关于进一步鼓励和扩大社会资本建设铁路的实施意见	发改基础〔2015〕1610 号	国家发展改革委、财政部、国土资源部、银监会、国家铁路局	2015-07-10
9	关于加快推进城市轨道交通重大工程建设的通知	发改基础〔2015〕1670 号	国家发展改革委	2015-07-21
10	关于加强城市停车设施建设的指导意见	发改基础〔2015〕1788 号	国家发展改革委、财政部、国土资源部、住房和城乡建设部、交通运输部、公安部、银监会	2015-08-03
11	关于优化完善城市轨道交通建设规划审批程序的通知	发改基础〔2015〕2506 号	国家发展改革委、住房和城乡建设部	2015-11-03

续表

序号	文件名称	文件号	发文单位	颁发日期
12	关于印发《铁路建设项目国家验收实施办法》的通知	发改基础〔2015〕2830 号	国家发展改革委、国家铁路局	2015-12-01
13	关于下放部分交通项目审批权和简化审批程序的通知	发改基础〔2015〕2933 号	国家发展改革委	2015-12-11
14	关于做好社会资本投资铁路项目示范工作的通知	发改基础〔2015〕3123 号	国家发展改革委	2015-12-28
15	关于进一步完善机动车停放服务收费政策的指导意见	发改价格〔2015〕2975 号	国家发展改革委、住房和城乡建设部、交通运输部	2015-12-10
16	关于建立长江沿线涉及航运企业收费目录清单制度的通知	发改价格〔2015〕1912 号	国家发展改革委、财政部、交通运输部	2015-08-21
17	关于放开部分邮政业务资费有关问题的通知	发改价格〔2015〕1126 号	国家发展改革委、国家邮政局	2015-05-22
18	关于调整铁路货运价格进一步完善价格形成机制的通知	发改价格〔2015〕183 号	国家发展改革委	2015-01-29

注：1. 本表中文件形式包括规划、意见、决定、通知、办法等；
2. 文件范围指国家发展改革委颁发、联合其他部委颁发、与交通运输相关的国务院/国办/中办发文等文件。

Chapter 05

第五章

交通建设

一、综述

2015 年，交通建设创新宏观调控思路和方式，从交通发展和稳增长两个层面入手，以发挥交通支撑引领作用为主线，全力当好发展先行官，圆满完成了规划建设目标任务。

一是交通建设投资高位运行，综合交通基础设施网络加快形成。 2015 年，我国铁公水航完成投资约 2.5 万亿元。其中，铁路基本建设完成投资 6422 亿元，投产新线 9531 公里，其中高速铁路 3306 公里；公路建设完成投资 16513 亿元，公路投产 11.3 万公里，其中高速公路 1.16 万公里；水运建设完成投资 1457 亿元，港口万吨级码头泊位新增 111 个；机场建设完成投资 656 亿元，新建成运输机场 8 个。

二是以两大工程包为重点，加快推进交通重大项目建设。持续用力加强交通重大工程包实施，重点推动周边互联互通、京津冀交通一体化、长江经济带综合立体交通走廊及城镇化地区综合交通网建设，以及港珠澳大桥等重大工程。2015 年，郑万铁路、商合杭铁路、武汉青山长江公路大桥、海南琼中至乐东公路、湘江二级航道二期工程、青岛新机场等一批重大项目开工建设，重大工程包已开工项目 116 个。

三是加大中央资金对交通运输建设的支持力度，保持投资平稳增长。安排中央预算内投资和专项建设基金，重点支持中西部铁路、城际铁路、城市轨道交通、公路、机场、内河高等级航道、停车场等建设，带动 2015 年交通基础设施投资实现了 2014 年高位运行基础上的平稳增长。

四是提高项目审批效率，主动协调解决项目前期工作。2015 年，国务院、国家发展改革委审批和核准铁路、公路、水路、民航项目（含立项）共 97 个，估算总投资 1.45 万亿元；批复城际铁路规划和城市轨道交通规划共 21 个，估算总投资 1.36 万亿元。

二、交通建设情况

（一）2015 年交通建设情况

1. 铁路

铁路建设任务圆满完成。截至 2015 年年底，全国铁路营业里程达到 12.1 万公里，比上年增长 8.2%，其中高铁营业里程超过 1.9 万公里。路网密度达到每万平方公里 126 公里，比上年增加 9.5 公里。其中，复线里程 6.4 万公里，比上年增长 12.5%，复线率 52.9%，比上年提高 2.1 个百分点；电气化里程 7.4 万公里，比上年增长 12.9%，电气化率 60.8%，比上年提高 2.5 个百分点。西部地区营业里程 4.8 万公里，比上年增加 4401 公里，增长 10.1%。国家铁路绿化里程 4.4 万公里，比上年增加 0.17 万公里，增长 4.0%。2015 年全国铁路路网规模情况见图 5-1。

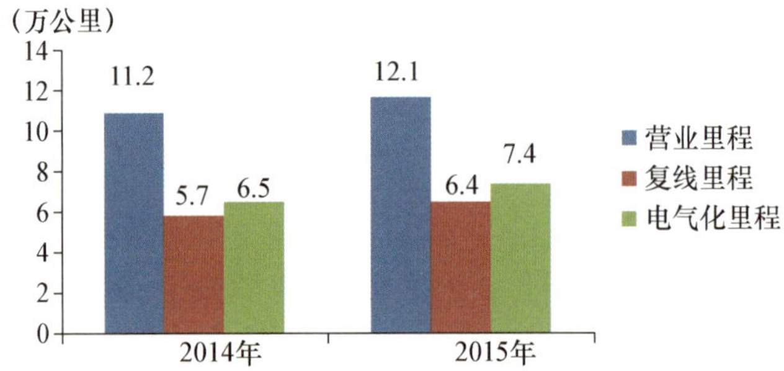

图 5-1　2015 年全国铁路路网规模

在 2015 年铁路建设中，重点加快推动铁路项目前期工作，铁路总公司和地方抓紧推进后续审批、招投标及开工准备工作。此外设立城市轨道交通重大工程包，明确了列入国家批复城市轨道交通建设规划且近三年可以开工建设的项目。

为支持中西部铁路和城际铁路发展，2015 年安排中央预算内投资支持中西部铁路和城际铁路建设。同时为缓解建设资金压力，安排专项建设基金支持城市轨道交通建设。

2. 公路

公路网络不断延伸。截至 2015 年年底，公路通车总里程达 457.7 万公里，比上年增加 11.3 万公里。每百平方公里公路密度 47.68 公里，比上年增加 1.18 公里。全国等级公路里程 404.6 万公里，比上年年末增加 14.5 万公里。等级公路占公路总里程 88.4%，提高 1 个百分点。其中，二级及以上公路里程 57.5 万公里，比上年年末增加 2.9 万公里，占公路总里程 12.6%，比上年提高 0.3 个百分点。高速公路里程突破 12.3 万公里，比上年年末增加约 1.16 万公里，原“7918”国高网基本建成。

农村公路里程突破 398 万公里，比上年末增加 9.9 万公里。全国通硬化路面的乡（镇）占全国乡（镇）总数的 98.6%，比上年年末提高 0.5 个百分点；通硬化路面的建制村占全国建制村总数的 94.45%，比上年提高 2.7 个百分点。2015 年全国公路路网规模情况见图 5-2。

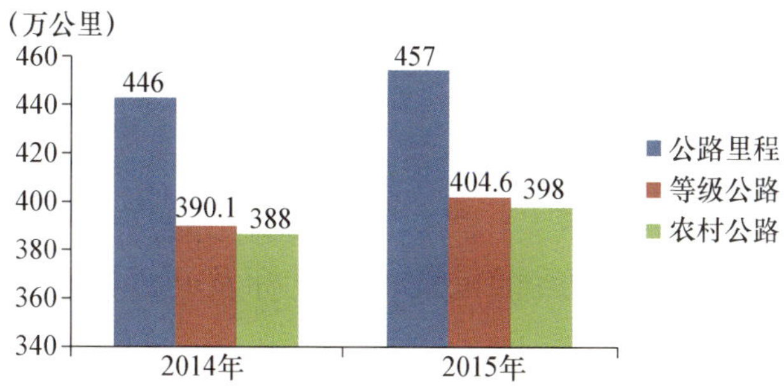

图 5-2　2015 年全国公路路网规模

在 2015 年公路建设中，重点推进国家高速公路“断头路”和普通国道“瓶颈路段”项目建设，并定期梳理进展情况，加快推进项目建设。此外，解决港珠澳大桥建设中存在的有关问题，积极推进建设。

为支持公路建设，2015 年下达中央预算内投资支持农村公路和进藏公路整治工程，同时制定专项建设基金高速公路和收费一级公路安排方案。

3. 水运

水运基础设施网络布局更加合理。截至 2015 年年底，全国内河航道通航里程 12.7 万公里，比上年年末增加 721 公里，“两横一纵两网十八线”内河航道建设取得积极进展。等级航道 6.6 万公里，占总里程 52.2%，比上年提高 0.4 个百分点。其中，三级及以上航道 1.2 万公里，五级及以上航道 3.0 万公里，分别占总里程 9.1%和 23.7%，分别比上年提高 0.5 个和 1.2 个百分点。2015 年全国水路路网规模情况见图 5-3。

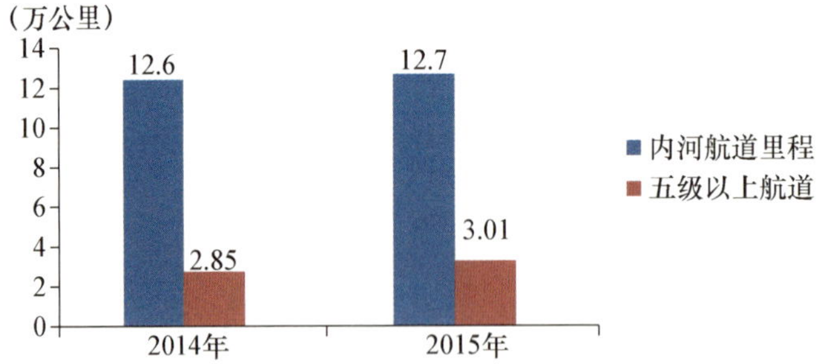

图 5-3　2015 年全国水路路网规模

全国港口拥有万吨级及以上泊位 2221 个，比上年年末增加 111 个。其中，专业化泊位 1173 个，通用散货泊位 473 个，通用件杂货泊位 371 个，比上年末分别增加 59 个、32 个和 11 个。

在 2015 年水运建设中，重点推进长江南京以下 12.5 米深水航道二期工程等项目建设。为支持水运建设，已下达中央预算内投资支持长江经济带综合立体交通走廊建设和长江等内河高等级航道建设。

4. 机场

机场布局不断完善。截至 2015 年年底，我国境内民用航空（颁证）机场共有 210 个（不含香港、澳门和台湾地区），比 2014 年增加了 8 个，机场覆盖度每 10 万平方公里达到 2.2 个；其中定期航班通航机场 206 个，比 2014 年增加了 6 个。2015 年全国机场建设规模情况见图 5-4。

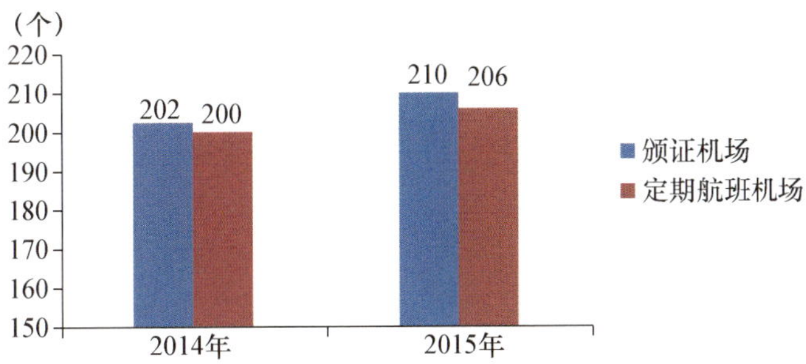

图 5-4　2015 年全国机场建设规模

在 2015 年机场建设中，重点协调北京新机场主体工程开工建设。同时以重大工程包为重点，新开工建设青岛新机场、内蒙古乌兰察布、吉林松原、湖南武冈、甘肃陇南、新疆莎车等机场新建工程及新疆库尔勒机场改扩建工程等项目。

为支持机场建设，下达民航中央预算内投资，支持中西部地区 24 个机场项目建设。先后两批安排专项建设基金用于青岛新机场、武汉机场三期扩建、长沙机场飞行区扩建等 42 个机场项目建设，有效缓解了重大项目资金筹措压力，对保障项目顺利实施发挥了积极作用，同时也对推动中西部地区尤其是边远地区、贫困地区机场项目建设起到了促进作用。

（二）2015 年批复重大交通项目

1. 国家铁路项目

2015 年，国家发展改革委共批复 23 项铁路项目，批复总里程达到 6168 公里（不含战备铁路），估算总投资 7998 亿元。分审批方式看，审批项目 22 项，核准项目 1 项。分项目性质看，批复新建铁路项目 20 项，扩能改造项目 1 项，铁路战备建设项目 2 项。

在批复新建铁路项目中，批复高速铁路项目 13 项，总里程4437 公里，估算总投资 6648 亿元；批复普通铁路项目 7 项，总里程 1731 公里，估算总投资 1307 亿元。

2. 公路项目

2015 年，国家发展改革委共批复 42 项公路项目，批复总里程达到 4145 公里，估算总投资 4352 亿元。分审批方式看，审批项目 29 项，核准项目 13 项。分项目性质看，批复新建国家高速公路项目 22 项，总里程2220公里，估算总投资2700亿元；新建国道项目 1 项，总里程 398 公里，估算总投资 329 亿元；新建公路大桥项目 8 项，总里程 131 公里，估算总投资 381 亿元；新建隧道项目 1 项，总里程 7 公里，估算总投资 57 亿元；公路改扩建项目 10 项，总里程 1390 公里，估算总投资 885 亿元。

3. 水运项目

2015 年，国家发展改革委共批复 9 项水运项目，估算总投资 425 亿元。分审批方式看，审批项目 5 项，核准项目 4 项。分项目性质看，批复新建码头泊位项目 4 项，估算总投资 72 亿元；航道项目 4 项，估算总投资 248 亿元；航电枢纽项目 1 项，估算总投资 105 亿元。

4. 机场项目

2015 年，国家发展改革委共批复 23 项机场项目，估算总投资 1678亿元。分审批环节看，批复新建机场立项 6 项，估算总投资 776 亿元；批复新建机场可行性研究报告和机场改扩建项目建议书 17 项，估算总投资 902 亿元。

在批复新建机场可行性研究报告和机场改扩建项目建议书中，批复新建机场项目 12 项，估算总投资 518 亿元；批复机场改扩建项目 5 项，估算总投资 384 亿元。

（三）2015 年批复交通建设规划

2015 年，由国务院、国家发展改革委批复的轨道交通、城际铁路和市域铁路建设规划共 21 项，批复近期建设项目 98 个，批复里程达到 3612 公里，总投资 13626 亿元。

其中，批复济南、南宁等城市轨道交通建设规划 16 项，批复近期建设项目 78 个，批复里程达到 1604 公里，总投资 10970 亿元；批复成渝地区、皖江地区等城际铁路建设规划 4 项，批复近期建设项目 19 个，批复里程达到1973公里，总投资2533亿元；批复温州市域铁路建设规划1项，批复近期建设项目1个，批复里程达到36公里，总投资122亿元。

2015年批复的国家铁路、公路、水运和机场项目分表见表5—1、表5—2、表5—3和表5—4，2015年批复的交通建设规划见表5—5。

三、述评及展望

（一）2015年交通建设评析

2015年是“十二五”收官之年。全年国内外形势复杂严峻，任务艰巨繁重，交通建设克服重重困难，取得了一系列成绩。

一是交通运输向“引领型”转变，更好地发挥了支撑引领作用。2015年，交通运输有效发挥在经济社会发展中的基础性和先导性作用，主动适应引领新常态，积极拓展交通投资领域，促进交通运输由“跟跑型”向“引领型”转变。高铁经济、临空经济、临港经济逐步显现，引导城市空间布局调整，形成城市发展新增长极。交通与制造业、电子商务等产业融合趋势明显，充分利用现代信息技术，打造“互联网+交通”发展新模式。

二是交通建设发挥了对稳投资、稳增长的重要作用。2015年，应对经济下行压力，交通运输业从交通发展和稳增长两个层面入手，以发挥交通支撑引领作用为主线，利用基础设施建设产业链长、投资带动力强的特点，努力保持投资平稳增长，完成交通基础设施投资约2.5万亿元，网络总规模约494万公里，超过“十二五”规划确定的490万公里的目标，其中全国铁路营业里程和高速公路通车里程双双突破12万公里。大规模、高强度交通投资，为稳增长、增后劲做出重要贡献。

三是加强了短板建设，交通运输结构进一步得到优化。2015年，交通运输切实转变发展方式和理念，适应新需求，加强铁路等短板建设，有力推动了交通运输结构优化。如，2015 年铁路投产新线 9531 公里，其中高速铁路3306公里，均为历史之最。在加大供给能力的推动下，在 2015 年全社会客运量下降的大背景下，铁路客运量继续保持 10%以上的增长速度，公路和水路长距离旅客运输比重下降，旅客运输结构更趋合理。2015 年批复的轨道交通、城际铁路和市域铁路建设规划共 21 个，为城市公共交通优先发展创造了条件。

四是农村交通建设取得新进展，为打赢扶贫脱贫攻坚战提供支撑。2015 年，创新交通扶贫模式，实施扶贫开发超常规政策举措，加强贫困地区特别是集中连片特困地区农村交通建设，使交通真正成为发展的先行官。新建改建农村公路超过 24 万公里，实施公路安全生命防护工程近 8 万公里、危桥改造3100余座，新增通客车建制村超过 8000 个，改造农村渡口 844 道，更新老旧渡船 376 艘。

（二）2016 年交通建设展望

2016 年是全面建成小康社会决胜阶段的开局之年，也是推进结构性改革的攻坚之年。2016 年将着眼“十三五”及未来发展面临的新情况新变化，围绕支撑“三大战略”及经济社会发展，以“支撑引领发展”为导向，补齐交通发展短板、创造交通新供给、释放新动能。

一是继续加大基础设施建设，提升交通供给服务能力。2016 年继续保持大规模交通基础设施建设，抓好交通提质增效、扶贫脱贫、重大基础设施工程实施，确保铁路8000亿投资、公路1.65万亿投资，打响“十三五”开局的头炮，发挥交通建设稳增长的作用。重点推动技术含量高、带动作用强、综合效益明显的100项示范项目，带动相关行业产业化和规范化发展，培养形成新的千亿级甚至万亿级投资增长点，引导消费升级并释放新需求，形成发展新动力。全面启动交通扶贫脱贫“双百工程”建设，重点消除制约农村发展的交通“瓶颈”，建设贫困地区农村公路，开工建设骨干通道项目，并推进其他项目前期工作，为打赢脱贫攻坚战实现良好开局。加快快速交通网、普通干线网、基础服务网建设，重点推进重大项目前期工作。同时，着眼国内外，结合中长期布局和“十三五”规划实施，研究论证一批具有全局性、战略性意义的重大工程，及时优选调整项目库，保持三年持续滚动更新，合理有序推进项目实施。

二是高起点建设长江经济带综合立体交通走廊。围绕黄金水道航道畅通、枢纽互通、江海联通、关检直通，完善综合交通运输网络。着力打造黄金水道，推进南京以下12.5米深水航道工程、三峡枢纽水运新通道工程、长江宜昌至安庆段部分航道整治工程等重大项目。加强港口系统化建设，完善集疏运体系，发展多式联运，推进港口转型升级。完成长江以集装箱运输为重点的江海联运研究，建设浙江舟山江海联运服务中心和江苏通州湾江海联运港区。加快推进长江船型标准化，推广三峡新船型。加快推进铁路、公路、水运、航空四大运输网络建设，推进成都至康定、徐州至连云港等铁路项目，以及国家高速公路在建项目和繁忙路段扩容改造、普通国道升级改造和农村公路建设，实施贵阳等机场扩建，开工建设成都新机场。

三是创新综合交通枢纽发展模式。优化综合交通枢纽节点城市在国土空间版图上的布局，打造一批国际性、全国性、区域性、地区性综合交通枢纽。探索中央和地方共建综合交通枢纽的新模式，通过改建既有和规范新建设施的方式，以综合交通枢纽为载体，强化运输方式衔接、城市内外衔接、组织管理衔接、信息服务衔接、标准规范衔接等，促进各种交通方式高质量高水平融合发展，提升换乘换装便捷水平，实现客运“零距离”便捷换乘、货运“无缝化”高效衔接。同时，以枢纽区域为重点，进一步推动交通与经济联动，促进临空经济、临港经济、高铁经济发展。

四是加快推进联程联运、智能管理、公共信息系统建设。推动交通资源整合，坚持综合交通发展方向，努力破除体制机制约束，加强各种交通方式信息、设施共享共用，提升交通集约化、一体化水平。加快构筑一体衔接的联程联运系统，重点强化运输服务各环节有机衔接，推进客票一体联程和货物多式联运。加快推进集装箱铁海联运，大力发展江海联运，建设便捷、兼容的货物一体换装系统，提高中转效率。建设开放共享的公共信息系统，加快建设集物流、客流、信息流、资金流等为一体的统一兼容、功能完善、高效便捷的综合交通公共信息平台，加大信息整合力度，构建开放式交通大数据中心，加快现代移动互联、云计算、新一代移动通信和北斗定位导航等先进信息技术在交通运输领域的应用。打造现代高效的智能管理系统，积极推进现代通信、信号、传感、定位、识别等技术在交通调度指挥、运输组织、运营管理、安全应急等领域的应用，加快人性化、智能型运输工具的研发使用，加大物联网、车联网、数字航道等建设，通过数字化手段有效解决交通发展问题。

表 5-1　　2015 年批复国家铁路项目

序号	项目名称	投资主体	建设地点	设计时速（公里/小时）	建设内容	建设工期	总投资（亿元）
1	新建济南至青岛高速铁路	山东省、铁总	济南、邹平、淄博、潍坊、高密、胶州、青岛	350	新建济南至青岛高速铁路 307.8 公里	4 年	599.8
2	新建武汉至十堰铁路孝感至十堰段	湖北省铁投等、铁总	孝感、随州、枣阳、襄阳、谷城、丹江口、武当山、十堰	350	新建武汉至十堰铁路孝感至十堰段 395 公里	4 年	527.5
3	新建合浦至湛江铁路	广西壮族自治区、广东省、铁总	合浦、铁山港、白沙、山口、青平、横山、遂溪	200	新建合浦至湛江铁路 115 公里，配套建设铁山港联络线等相关工程	3.5 年	138
4	新建商丘至合肥至杭州铁路	河南省、安徽省、浙江省、铁总	商丘、亳州、阜阳、淮南、合肥、芜湖、宣城、湖州、杭州	350	商丘至合肥至杭州铁路正线全长 796.9 公里，其中新建 617.3 公里	5 年	960.8
5	新建大同至张家口高速铁路	山西省、河北省、铁总	大同、阳高、天镇、张家口	250	新建大同至张家口高速铁路 141.5 公里	4 年	180.5
6	新建玉溪至磨憨铁路	云南省、铁总	玉溪、峨山、元江、墨江、西双版纳、磨憨	160	新建玉溪至磨憨铁路 507.4 公里	6 年	516.1
7	新建大理至临沧铁路	云南省、铁总	大理、巍山、云县、临沧	160	新建大理至临沧铁路 201.8 公里	5.5 年	155.3
8	新建弥勒至蒙自铁路	云南省、铁总	弥勒、开远、蒙自	160	新建弥勒至蒙自铁路 128.5 公里	6 年	92

续表

序号	项目名称	投资主体	建设地点	设计时速（公里/小时）	建设内容	建设工期	总投资（亿元）
9	新建郑州至万州铁路	重庆市、河南省、湖北省、铁总	郑州、长葛、平顶山、南阳、襄阳、兴山、巴东、巫山、奉节、云阳、万州	350	新建郑州至万州铁路818公里	6年	1 180.4
10	新建徐州至淮安至盐城铁路	江苏省、铁总	徐州、睢宁、宿迁、泗阳、淮安、阜宁、建湖、盐城	250	新建徐州至淮安至盐城铁路313.7公里	4年	428.3
11	隆黄铁路新建叙永至毕节段	云南省、贵州省、四川省、铁总	叙永、威信、镇雄、毕节	120	隆黄铁路新建叙永至毕节段189公里	6年	137.6
12	青藏铁路格尔木至拉萨段扩能改造工程	铁总			青藏铁路格尔木至拉萨段扩能改造	2.5年	40.1
13	新建北京至张家口铁路	北京市、河北省、铁总	海淀、昌平、延庆、怀来、下花园、张家口	250、350	新建北京至张家口铁路174公里	4.5年	584.1
14	渝怀铁路梅江至怀化段增建第二线	贵州省、湖南省、铁总	松桃、桃映、铜仁、锦和、怀化	120	渝怀铁路梅江至怀化段增建第二线169公里	3.5年	185.5
15	新建阿勒泰至富蕴至准东铁路	新疆自治区、铁总	阿勒泰、富蕴、准东		新建阿勒泰至富蕴至准东铁路420.4公里	3.5年	82.1
16	新建郑州至周口至阜阳铁路	河南省、安徽省、铁总	郑州、开封、许昌、周口、阜阳	350	新建郑州至周口至阜阳铁路277公里	4年	427.2

续表

序号	项目名称	投资主体	建设地点	设计时速（公里/小时）	建设内容	建设工期	总投资（亿元）
17	新建银川至西安铁路	宁夏回族自治区、甘肃省、陕西省、铁总	银川、灵武、吴忠、太阳山、环县、庆城、庆阳、彬县、礼泉、西安	250	新建银川至西安铁路618公里	5年	805.1
18	新建合肥至安庆铁路	安徽省、铁总	合肥、肥西、庐江、舒城、桐城、怀宁、安庆	350	新建合肥至安庆铁路162.6公里，同时修建宁西货车外绕线等相关工程	4年	334
19	新建通辽至京沈高铁新民北站铁路	辽宁省、内蒙古自治区、铁总	通辽、甘旗卡、彰武、新民	250	新建通辽至京沈高铁新民北站铁路197公里	4年	175.7
20	新建赤峰至京沈高铁喀左站铁路	内蒙古自治区、辽宁省、铁总	赤峰、平庄、宁城、建平、喀左	250	新建赤峰至京沈高铁喀左站铁路157.4公里	4年	170.2
21	新建北京至霸州铁路	北京市、河北省、铁总	李营、黄村、北京新机场、永清、霸州	250、350	新建北京至霸州铁路78.2公里	3.5年	274.3

表 5-2 2015 年批复公路项目

序号	项目名称	投资主体	建设地点	建设内容	总投资（亿元）
1	杭州至南京高速公路浙江段改扩建工程	浙江杭宁高速公路有限责任公司	父子岭、夹浦、长兴、湖州、德清、南庄兜	杭州至南京高速公路浙江段改扩建 98 公里	29.5
2	湖北省武汉市青山长江公路大桥项目	武汉青山长江大桥建设有限公司	洪山、黄陂	新建湖北省武汉市青山长江公路大桥，全长 7.5 公里	53.6
3	湖北省石首长江公路大桥项目	湖北交通投资有限公司等 6 家	江陵、石首	新建湖北省石首长江公路大桥项目，全长 40.5 公里	73.3
4	西藏自治区加查至桑日公路新改建二期工程	西藏自治区交通厅重点公路建设项目管理中心	加查、藏木、达古、藏嘎、桑日	西藏自治区加查至桑日公路新改建二期 75.4 公里，实际建设 68.4 公里	4.8
5	西藏自治区雄梅至尼玛公路改建工程	西藏自治区交通厅重点公路建设项目管理中心	申扎、甲格雄、学嘎尔、巴日沙拉山、德勒、措折罗玛、布古然下里玛、尼玛	西藏自治区雄梅至尼玛公路改建工程 213 公里，同步建设 2 条连接线共 6 公里	11.1
6	中朝圈河至元汀界河公路大桥	珲春圈河大桥建设项目办公室	珲春圈河口岸、朝鲜元汀口岸	新建中朝圈河至元汀界河公路大桥，全长 1 公里	1.5
7	云南省小勐养至磨憨公路改扩建工程	云南省公路开发投资有限责任公司	小勐养、曼果龙、莱阳河、曼勐、勐仑、勐远、勐腊、曼庄、尚勇、磨憨	云南省小勐养至磨憨公路改扩建工程 167 公里，实际建设 158 公里	125
8	湖北省嘉鱼长江公路大桥	湖北嘉鱼长江公路大桥有限公司	洪湖、嘉鱼	新建湖北省嘉鱼长江公路大桥，全长 4.7 公里	30.4

续表

序号	项目名称	投资主体	建设地点	建设内容	总投资（亿元）
9	山东省埕口（鲁冀界）至沾化公路	山东秦滨高速公路建设有限公司	埕口、马山子、西小王、冯家、沾化	新建山东省埕口（鲁冀界）至沾化高速公路 61.5 公里	57.1
10	国道 214 线和国道 317 线昌都过境段新改建工程	西藏自治区重点公路建设项目管理中心	昌都	国道 214 线和国道 317 线昌都过境段新改建工程 10.8 公里，其中新建 5.2 公里	9
11	贵州省六盘水至威宁（黔滇界）公路	贵州高速公路集团有限公司	老鹰山、猴场、大湾、金钟、威宁、观风海、迤那、中水	新建贵州省六盘水至威宁（黔滇界）高速公路 20 公里	233.2
12	海南省琼中至乐东公路	海南省交通运输厅	琼中、毛阳、万冲、乐东、千家、利国	新建海南省琼中至乐东高速公路 126 公里	113.9
13	青海省扎麻隆至倒淌河公路改扩建工程	青海省交通运输厅	扎麻隆、湟源、和平、日月山、倒淌河	青海省扎麻隆至倒淌河公路改扩建工程 67 公里，同步建设连接线 3 公里	52.2
14	山东省泰安至东阿公路	山东高速集团有限公司	泰山、王晋、桃园、孔村、太和、东阿	新建山东省泰安至东阿高速公路 74 公里	87.7
15	内蒙古自治区大阪至经棚公路	内蒙古自治区交通运输厅	大板、下场、双井、新井、经棚	新建内蒙古自治区大阪至经棚高速公路 113 公里	28.5
16	新疆自治区喀什至疏勒公路	新疆维吾尔自治区交通建设管理局	库曲湾、阿瓦提、巴仁乡、疏勒	新建新疆自治区喀什至疏勒高速公路 43 公里	24.4

续表

序号	项目名称	投资主体	建设地点	建设内容	总投资（亿元）
17	宁夏自治区石嘴山（蒙宁界）至中宁公路改扩建工程	宁夏公路建设管理局	石嘴山、惠农、平罗、贺兰、银川、永宁、吴忠、红寺堡、中宁	宁夏自治区石嘴山（蒙宁界）至中宁公路改扩建工程 284 公里	220.3
18	湖北省武穴长江公路大桥项目	湖北交通投资有限公司等 5 家	新屋岭、余祥、阳新	新建湖北省武穴长江公路大桥项目，全长 31 公里	57.3
19	厦门第二西通道	厦门路桥建设集团有限公司	厦门	新建厦门第二西通道隧道 7.1 公里	57.1
20	内蒙古自治区奈曼旗至白家湾子（蒙辽界）公路	内蒙古自治区交通运输厅	奈曼旗、新镇、白家湾子	新建内蒙古自治区奈曼旗至白家湾子（蒙辽界）高速公路 57 公里	31
21	安徽省广德至宁国公路	安徽省交通控股集团有限公司	广德、坞沙、月湾、长虹铺、河沥溪	新建安徽省广德至宁国高速公路 27.2 公里	27.2
22	新疆自治区吐鲁番至小草湖公路	新疆维吾尔自治区交通建设管理局	鄯善、胜金、火焰山、吐鲁番机场、大河沿岔口、小草湖	新建新疆自治区吐鲁番至小草湖高速公路 107.1 公里	34.6
23	内蒙古自治区扎兰屯至阿荣旗公路	内蒙古自治区交通运输厅	扎兰屯、高台子、大河湾、向阳峪	新建内蒙古自治区扎兰屯至阿荣旗高速公路 55 公里	16.1
24	国道 318 线林芝至拉萨段改造工程	西藏自治区重点公路建设项目管理中心	林芝、巴河、工布江达、米拉山、墨竹工卡、达孜、拉萨	新建国道 318 线林芝至拉萨段 398 公里	329
25	甘肃省渭源至武都公路	甘肃省长达路业有限公司	渭源、殪虎桥、岷县、宕昌、两河口、武都	新建甘肃省渭源至武都高速公路 244 公里	370.5

续表

序号	项目名称	投资主体	建设地点	建设内容	总投资（亿元）
26	湖北省白洋长江公路大桥	湖北交通投资有限公司等4家	白洋、秦家河、宜都、枝城	新建湖北省白洋长江公路大桥，全长15.8公里	34.7
27	北京至秦皇岛高速公路河北省大安镇（津冀界）至平安城段和京冀、冀津连接线段	河北省高速公路管理局	大安、平安城、三河	新建北京至秦皇岛高速公路河北省大安镇（津冀界）至平安城段38公里，京冀连接线1.2公里，冀津连接线段3.8公里	47.2
28	江西省南昌至九江高速公路改扩建工程	江西赣粤高速公路股份有限公司	南昌、永修、共青城、德安、通远、九江	江西省南昌至九江高速公路改扩建工程96公里，实际建设88公里	67.8
29	湖北省棋盘洲长江公路大桥	湖北省交通投资有限公司等4家	阳新、金海、韦源口、蕲春	新建湖北省棋盘洲长江公路大桥，全长22.2公里	39.1
30	山东省潍城至日照公路	山东高速集团有限公司	昌乐、安丘、诸城、五莲、日照	新建山东省潍城至日照高速公路154公里	113.1
31	海南省万宁至洋浦公路	海南省交通运输厅	万宁、会山、湾岭、兰洋、那大、白马井	新建海南省万宁至洋浦高速公路165公里	124.9
32	海南省文昌至琼海公路	海南省交通运输厅	文昌、会文、长坡、中原	新建海南省文昌至琼海高速公路66公里	45.8
33	广东省深圳至中山跨江通道	深中通道管理中心	深圳、中山	新建广东省深圳至中山跨江高速公路24公里	423.7

续表

序号	项目名称	投资主体	建设地点	建设内容	总投资（亿元）
34	浙江省温州瓯江北口大桥	温州市瓯江口大桥有限公司	宁波	新建浙江省温州瓯江北口双层大桥，上层全长 7.9 公里，下层全长 3.9 公里	90.9
35	合肥至南京高速公路安徽省周庄至陇西立交段改扩建工程	安徽皖通高速公路股份有限公司	全椒、十字、大墅、石塘、肥东	合肥至南京高速公路安徽省周庄至陇西立交段改扩建工程 89.3 公里，实际建设里程约 86.6 公里	64.5
36	山东省济南至青岛高速公路改扩建工程	山东高速股份有限公司	青岛、胶州、高密、潍坊、昌乐、青州、临淄、周村、邹平、章丘、济南	山东省济南至青岛高速公路改扩建工程 309 公里	300.6
37	广西壮族自治区乐业至百色公路	广西交通投资集团有限公司	天峨、逻西、乐业、凌云、伶站、那暮、永乐、百色	新建广西壮族自治区乐业至百色高速公路 171 公里，实际建设 155 公里	180
38	陕西省绥德至延川公路	陕西省交通建设集团公司	绥德、淮宁湾、清涧、延川	新建陕西省绥德至延川高速公路 88 公里	105.4
39	陕西省宝鸡至坪坎公路	陕西省交通建设集团公司	宝鸡、岩湾、坪坎	新建陕西省宝鸡至坪坎高速公路 74 公里	134.6
40	浙江省建德至金华公路	浙江临金高速公路有限公司	建德、大洋、马涧、金华	新建浙江省建德至金华高速公路 58 公里	92.1
41	江西省广昌至吉安公路	江西省高速公路投资集团有限责任公司	广昌、头陂、黄陂、潭头、新圩、万合、澄江	新建江西省广昌至吉安高速公路 156 公里	131.6
42	云南省华坪至至丽江公路	云南华丽高速公路投资开发有限公司	华坪、仁和、永胜、三川、金安、玉龙	新建云南省华坪至至丽江高速公路 153 公里	277.4

表 5-3　　2015 年批复水运项目

序号	项目名称	投资主体	建设地点	建设内容	总投资（亿元）
1	大连港大窑湾港区四期工程	大连港北岸集装箱码头有限公司	大连	新建 2 个 20 万吨级集装箱泊位及配套设施	11.3
2	烟台港西港区 30 万吨级原油码头工程	中海油烟台港油品码头有限公司	烟台	新建 1 个 30 万吨级原油泊位及配套设施	5.4
3	山东日照港岚山港区原油码头二期工程	日照港集团有限公司	日照	新建 1 个 30 万吨级原油泊位及配套设施	12
4	湘江二期航道二期工程	湖南省水运建设投资集团有限公司	衡阳、株洲	新建湘江衡阳蒸水河口至株洲枢纽 154 公里二级航道及配套设施	30
5	长江南京以下 12.5 米深水航道二期工程	长江南京以下深水航道建设工程指挥部	南京、镇江、常州、南通	新建长江南京至南通 227 公里深水航道	73.1
6	岷江犍为航电枢纽工程	四川岷江港航电开发有限责任公司	犍为	新建船闸、发电厂房、大坝等及相关配套设施	105
7	青岛港董家口港区港投万邦矿石码头工程	青岛港董家口矿石码头有限公司	青岛	新建 1 个 30 万吨级铁矿石泊位和 1 个 20 万吨级铁矿石泊位及配套设施	43.7
8	京杭运河浙江段三级航道整治工程	杭州交通投资集团有限公司、嘉兴港航建设开发有限责任公司、京杭运河（浙江段）三级航道整治工程湖州指挥部	杭州、嘉兴、湖州	新建三级航道 121.6 公里，其中新开挖航道 26.4 公里及配套设施	117.1
9	广州港深水航道拓宽工程	广州港务局	广州	将南沙港区龙穴岛作业区以南至珠江口外隘洲岛西侧天然水深处全长 66.6 公里航道拓宽至 385 米，并建设配套设施	27.7

表 5-4　　2015 年批复机场项目

序号	项目名称	审批环节	投资主体	建设地点	飞行区等级	建设内容	总投资（亿元）
1	新建成都新机场	立项		简阳市芦葭镇	4F	新建 3 条跑道、52 万平方米的航站楼、157 个站坪机位及配套设施	692.6
2	新建黑龙江绥芬河民用机场	立项		东宁县绥阳镇	4C	新建 1 条 2 500 米的跑道、4 500 平方米的航站楼、4 个站坪机位及配套设施	9.4
3	新建贵州威宁民用机场	立项		威宁县草海镇	4C	新建 1 条 3 000 米的跑道、4 000 平方米的航站楼、5 个站坪机位及配套设施	18.2
4	新建重庆武隆民用机场	立项		武隆县仙女山镇	4C	新建 1 条 2 800 米的跑道、6 000 平方米的航站楼、5 个站坪机位及配套设施	16.4
5	迁建四川达州民用机场	立项		达川区石板镇	4C	新建 1 条 2 600 米的跑道、9 000 平方米的航站楼、8 个站坪机位及配套设施	16.9
6	新建四川甘孜机场	立项		甘孜县	4C	新建 1 条 4 000 米的跑道、3 000 平方米的航站楼、4 个站坪机位及配套设施	22.6
7	新建甘肃省陇南民用机场	可研	甘肃机场投资管理公司	陇南	4C	新建 1 条 2 800 米的跑道、3 500 平方米的航站楼、4 个站坪机位及配套设施	11.9

续表

序号	项目名称	审批环节	投资主体	建设地点	飞行区等级	建设内容	总投资（亿元）
8	新建重庆巫山民用机场	可研	重庆机场集团	巫山	4C	新建1条2 600米的跑道、3 500平方米的航站楼、5个站坪机位及配套设施	16.4
9	新建内蒙古乌兰察布民用机场	可研	乌兰察布机场铁路建设管理公司	乌兰察布	4C	新建1条2 600米的跑道、3 000平方米的航站楼、4个站坪机位及配套设施	5.2
10	新建新疆若羌民用机场	可研	若羌楼兰机场公司	若羌	4C	新建1条2 800米的跑道、3 000平方米的航站楼、4个站坪机位及配套设施	5.5
11	新建新疆莎车民用机场	可研	莎车县民用机场建设公司	莎车	4C	新建1条3 000米的跑道、3 000平方米的航站楼、4个站坪机位及配套设施	5.6
12	青岛新机场工程	可研	青岛国际机场集团等5家	青岛	4F	新建2条跑道、47.8万平方米的航站楼、171个站坪机位及配套设施、空管工程、供油工程、基地工程	415.7
13	新建黑龙江省五大连池民用机场	可研	五大连池机场建设管理公司	五大连池	4C	新建1条2 500米的跑道、3 000平方米的航站楼、4个站坪机位及配套设施	6.9
14	海口美兰国际机场二期扩建工程	可研	海口美兰国际机场公司等3家	海口	4F	新建1条3 600米的跑道、29.6万平方米的航站楼、59个站坪机位及配套设施、空管工程、供油工程	144.7

续表

序号	项目名称	审批环节	投资主体	建设地点	飞行区等级	建设内容	总投资（亿元）
15	北京首都机场运行保障配套设施改造工程	可研	北京首都国际机场公司	北京		维修西跑道平行滑行道及3条联络道，改造供电设施等	5.1
16	贵阳龙洞堡机场三期扩建工程项目建议书的批复	项目建议书	贵州省机场集团等3家	贵阳	4E	新建1条3 600米的跑道、16.5万平方米的航站楼、68个站坪机位及配套设施	196.6
17	广西桂林机场航站楼及站坪配套设施扩建工程	可研	广西机场管理集团等3家	桂林		新建10万平方米的航站楼、31个站坪机位及配套设施、空管工程、供油工程	33.7
18	新建四川省巴中民用机场	可研	巴中机场建设公司	巴中	4C	新建1条2 600米的跑道、5 000平方米的航站楼、4个站坪机位及配套设施	14.9
19	新建新疆图木舒克民用机场	可研	图木舒克机场建设公司	图木舒克	4C	新建1条2 600米的跑道、3 000平方米的航站楼、4个站坪机位及配套设施	5.4
20	新建黑龙江省建三江民用机场	可研	建三江农垦七星机场公司	建三江	4C	新建1条2 500米的跑道、3 000平方米的航站楼、4个站坪机位及配套设施	6.1
21	青海格尔木机场改扩建工程	可研	西部机场集团青海机场公司	格尔木		新建8 000平方木的航站楼、3个站坪机位及配套设施	3.7
22	新建湖南岳阳民用机场	可研	岳阳三荷机场投资建设管理公司	岳阳	4C	新建1条2 600米的跑道、6 000平方米的航站楼、6个站坪机位	12.4
23	新建青海祁连民用机场	可研	青海发展投资公司	祁连	4C	新建1条3 400米的跑道、3 000平方米的航站楼、4个站坪机位	11.7

表 5-5　　2015 年批复交通建设规划

序号	规划类型	项目名称	项目数（个）	批复里程（公里）	总投资（亿元）
1	城市轨道交通建设规划	济南市轨道交通近期建设规划（2015—2019 年）	3	80.6	437.2
2		南宁市轨道交通近期建设规划（2015—2021 年）	4	75.1	529.3
3		呼和浩特市轨道交通近期建设规划（2015—2020 年）	2	51.4	338.8
4		南昌市城市轨道交通第二期建设规划（2015—2021 年）	4	82.3	610.9
5		成都市城市轨道交通近期建设规划（2013—2020 年）调整方案	5	79.1	467.2
6		南京市城市轨道交通第二期建设规划（2015—2020 年）	8	157.2	1 202.2
7		长春市轨道交通近期建设规划（2010—2019 年）调整方案	3	28.7	148.6
8		武汉市轨道交通第三期建设规划（2015—2021 年）	8	173.5	1 148.9
9		天津市轨道交通第二期建设规划（2015—2020 年）	8	228.1	1 794.3
10		北京市轨道交通第二期建设规划（2015—2021）	12	262.9	2 122.8
11		深圳市城市轨道交通第三期建设规划（2011—2020 年）调整方案	7	85.1	730.6
12		大连市城市轨道交通第二期建设规划（2015—2020 年）	6	170.1	529
13		石家庄城市轨道交通近期建设规划调整方案（2012—2021 年）	3	20.8	132
14		福州市城市轨道交通第二期建设规划（2015—2021 年）	3	89.3	654.4
15		西安市轨道交通 1 号线二期工程规划方案调整	1	6.1	34.6
16		广州市轨道交通 7 号线一期工程建设方案调整	1	13.3	89.6
17	城际铁路建设规划	福建省海峡西岸城际铁路建设规划（2015—2020 年）	6	583	1 071
18		成渝地区城际铁路建设规划（2015—2020 年）	8	1 008	969
19		宁夏回族自治区沿黄经济区城际铁路建设规划（2015—2020 年）	1	72	81
20		皖江地区城际铁路建设规划（2015—2020 年）	4	310	411.7
21	市域铁路建设规划	浙江省温州市域铁路建设规划（2012—2018 年）S3 线一期工程实施方案调整	1	35.8	122.4

Chapter 06

第六章 区域发展

一、综述[1]

2015年，我国铁路营业里程超过12万公里，其中，东北地区约为1.6万公里，占比13.4%；东部地区约为2.9万公里，占比23.5%；中部地区约为2.7万公里，占比22.1%；西部地区约为5万公里，占比41%。高速铁路里程约2万公里，其中，东北地区为0.23万公里，占比11.6%；东部地区0.75万公里，占比37.2%；中部地区约为0.57万公里，占比28.3%；西部地区约为0.46万公里，占比22.9%。

[1] 由于统计口径不同，各地方统计数据加总会与行业统计公报中的全国数据有所出入。

2015 年，全国公路总里程突破 450 万公里，其中，东北地区约为 38.1 万公里，占比 8.4%；东部地区约为 112.3 万公里，占比 24.8%；中部地区约为 122.5 万公里，占比 27%；西部地区约为 180.9 万公里，占比 39.9%。高速公路总里程突破 12 万公里，其中，东北地区约为 1.1 万公里，占比 9%；东部地区约为 3.6 万公里，占比 29%；中部地区约为 3.3 万公里，占比 26.3%；西部地区约为 4.4 万公里，占比 35.7%。建成的民航运输机场（注：含未颁证运营的）共计 215 个，其中，东北地区 24 个，占比 11.2%；东部地区 50 个，占比 23.3%；中部地区 33 个，占比 15.3%；西部地区 108 个，占比 50.2%。2015 年我国四大板块交通基础设施的区域空间结构情况见图 6-1。

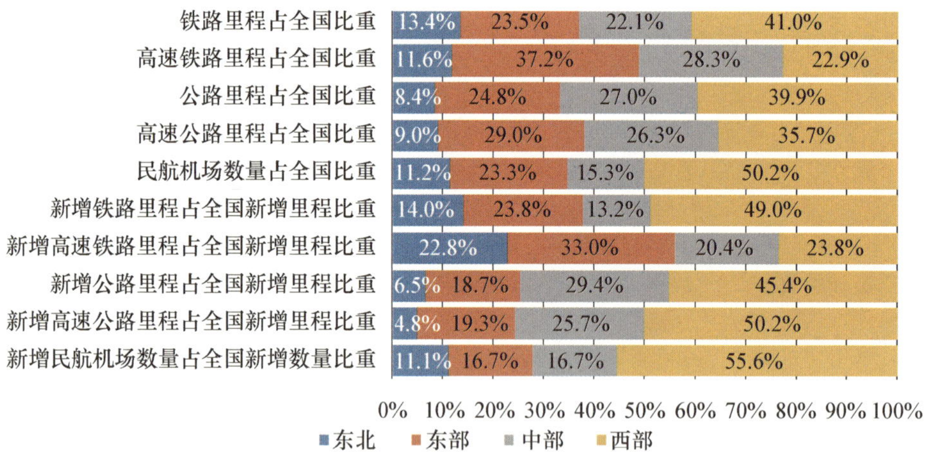

图 6-1 2015 年我国四大板块交通基础设施的区域空间结构

2015 年，全国各省份交通基础设施建设总体仍呈现快速发展态势，特别是中西部地区铁路、高速公路、民航运输机场的建设进程加速，新增铁路、公路、高速公路、建成的民航运输机场等设施分别占全国新增设施的 49%、45.4%、50.2%和 55.6%，居各板块之首。从发展的相对速度来看，各区域间交通基础设施发展差距进一步缩小。在“一带一路”建设、京津冀协同发展和长江经济带发展“三大战略”的实施过程中，相应区域的交通基础设施互联互通水平进一步提高，特别是在“中国—中南半岛”经济带交通互联互通、京津冀城际轨道建设以及长江干线航道建设等方面取得一些突破性成果，为“三大战略”的实施提供了有力支撑。

2015年，伴随国民经济的持续稳定增长，各区域的客货运输需求总体保持平稳较快增长，但在经济发展新常态大背景下，由于产业结构调整和转型升级进程加快，铁路货运需求出现较大幅度的下降。而随着长江经济带相关省份间经济联系的加强以及长江干线航运的发展，长江干线货运量仍保持较快的增速。此外，得益于高速铁路网和民航机场的加快发展，我国西部地区成为铁路客运量和民航旅客吞吐量增长最为显著的区域。在推进“一带一路”建设和构建全方位对外开放格局的大背景下，各个省份特别是中西部省份加快了对外开放步伐。以欧洲、中亚等国家和地区为目的地的集装箱国际铁路班列快速发展，成为对外商品贸易运输发展的一大亮点。

总体来看，2015年我国各区域交通运输行业的发展充分体现了国家区域发展战略和政策取向，较好地发挥了“交通先行官”的作用，有力促进了我国区域经济协调发展，加快了全方位对外开放格局的构建。

二、各个区域的交通发展情况

（一）四大板块

1. 东北地区

（1）基础设施发展情况。2015年，东北地区铁路营业里程达

1.65万公里，同比增长7.7%，其中，设计时速250公里以上的高速铁路里程达2332公里，同比增长56.1%；复线里程达6975公里，同比增长22.2%，复线化率为42.4%；电气化里程达4661公里，同比增长41.9%，电气化率为28.3%。东北地区铁路网密度达到每万平方公里208.9公里，其中高速铁路达29.6公里。

东北地区公路通车里程达38.09万公里，同比增长1.9%，其中，高速公路达1.12万公里，同比增长5.3%；一级公路里程达0.75万公里，同比增长4.0%；二级公路里程达3.87万公里，同比增长2.8%；等级公路里程33.29万公里，同比增长2.6%，等级公路占公路总里程的比重为87.4%，同比提升0.6%；二级及以上公路里程占公路总里程的比重为15.1%，同比提升0.2%。

东北地区已建成的民航运输机场达24个，其中投入运营的有23个，每万平方公里民航机场个数为0.3个。沿海规模以上码头泊位达404个，同比增长3.3%，其中万吨级泊位为214个，同比增长4.4%。内河航道通航里程为7364公里，其中三级及以上航道里程2015公里。内河规模以上码头泊位99个，较上年均无变化。

东北地区现有哈尔滨、长春、沈阳、大连4个城市建有城市轨道交通，运营里程总计321.7公里，同比增长15%。其中，大连143公里，同比增长41.6%；哈尔滨、长春、沈阳分别为17.5公里、56.2公里、105公里，2015年均无新增运营里程。

2015年东北地区交通基础设施基本情况见表6-1。

表6-1　　2015年东北地区交通基础设施基本情况

指　标	单位	2014年	2015年	增速（%）
铁路营业里程	公里	15288	16462	7.7
高速铁路里程（设计时速250公里及以上）	公里	1494	2332	56.1
国家铁路复线里程	公里	5708	6975	22.2
国家铁路电气化里程	公里	3285	4661	41.9

续表

指　标	单位	2014 年	2015 年	增速（%）
公路通车里程	公里	373934.8	380923.8	1.9
高速公路里程	公里	10603.5	11170.3	5.4
国家高速公路里程	公里	7803.8	8298.7	6.3
一级公路里程	公里	7251.1	7537.8	4.0
二级公路里程	公里	37678.5	38739.9	2.8
等级公路里程	公里	324553.9	332926.2	2.6
民航运输机场数（已建成的）	个	22	24	9.1
已开通运营的民航运输机场数	个	22	23	4.6
沿海主要规模以上港口码头泊位	个	391	404	3.3
沿海万吨级泊位	个	205	214	4.4
内河主要规模以上港口码头泊位	个	99	99	0.0
内河航道通航里程	公里	7364	7364	0.0
等级航道里程	公里	6914	6914	0.0
三级及以上航道里程	公里	2015	2015	0.0
城市轨道交通运营里程	公里	279.7	321.7	15.0

数据来源：根据黑龙江、吉林、辽宁三省发展改革委提供的数据汇总。

（2）客货运输量情况。2015 年，东北地区铁路客运量达 3.0 亿人，同比增长 0.9%，铁路货运量达 2.8 亿吨，同比下降 18.5%。公路客运量为 12.4 亿人，公路货运量为 25.7 亿吨。沿海规模以上港口货物吞吐量达 10.5 亿吨，同比增长 1.2%，其中集装箱吞吐量为 1838 万标准集装箱，同比下降 1.2%。内河规模以上港口货物吞吐量达 366.9 万吨，同比增长 2.6%。民航机场旅客吞吐量达 5489 万人，同比增长 8.2%，货邮吞吐量达 48.9 万吨，同比增长 4.7%。

2015 年东北地区客货运量及吞吐量基本情况见表 6-2。

表 6-2　　2015 年东北地区客货运量及吞吐量基本情况

指　标	单位	2014 年	2015 年	增速（%）
铁路客运量	万人	29595	29864	0.9
公路客运量	万人	145034	123588	——
铁路货运量	万吨	33723	27478	−18.5

续表

指　标	单位	2014 年	2015 年	增速（%）
公路货运量	万吨	278177	256783	——
沿海规模以上港口货物吞吐量	万吨	103658	104859	1.2
集装箱吞吐量	万 TEU	1860	1838	−1.2
内河规模以上港口货物吞吐量	万吨	357.7	366.9	2.6
民航机场旅客吞吐量	万人	5075	5489	8.2
民航机场货邮吞吐量	万吨	46.7	48.9	4.7

注：因 2015 年公路客货运量统计口径变化，同比增速缺少计算依据。
数据来源：根据黑龙江、吉林、辽宁三省发展改革委提供的数据汇总。

（3）重大交通项目进展及若干典型项目基本情况。2015 年，东北地区铁路新开工项目总计 14 个，建成投产项目总计 11 个；高速公路新开工项目总计 6 个，建成投产项目总计 6 个；民航机场方面新开工项目总计 2 个，建成投产或已竣工项目总计 3 个；内河航道方面新开工项目总计 2 个，建成投产项目总计 1 个；港口方面新开工项目总计 10 个，其中万吨级以上泊位项目 9 个，建成投产项目总计 14 个，其中万吨级以上泊位项目 9 个；城市轨道交通新开工项目总计 3 个，建成投产项目总计 2 个。

2015 年东北地区重大交通项目基本情况见表 6-2，铁路和机场重大交通项目情况见表 6-4。

表 6-3　　2015 年东北地区重大交通项目基本情况

各交通方式	新开工项目（个）	建成投产项目（个）
铁路	14	11
高速公路	6	6
民航机场	2	3
内河航道	2	1
港口	10	14
万吨级以上泊位	9	9
城市轨道交通	3	2

注：因部分铁路、公路项目属于跨省建设，本报告按省分段统计项目个数。
数据来源：根据黑龙江、吉林、辽宁三省发展改革委提供的数据汇总。

表 6-4　　2015 年东北地区铁路和机场重大交通项目

领域	新开工项目	建成投产项目
铁路	哈尔滨站改造、哈尔滨至牡丹江铁路电化、四平至齐齐哈尔铁路郑家屯至榆树屯电气化改造、通辽至让湖路铁路（黑龙江省境内）电气化改造工程、长春至西巴彦花铁路、长春铁路综合货场、吉林铁路枢纽西环线、平齐线电气化改造、通让线（吉林省境内）电气化改造、叶柏寿至赤峰铁路扩能改造工程、新建绥中港物流中心工程、新建长兴岛物流中心工程、沈阳文官屯铁路物流基地工程、大连南关岭铁路物流基地工程	哈尔滨至齐齐哈尔铁路客运专线、滨绥铁路牡丹江至绥芬河段扩能改造、吉林至珲春客运专线、辽源至长春铁路、靖宇至松江河铁路、东北东部铁路通道前阳至庄河段工程、东北东部铁路通道登沙河至庄河段工程、东北东部铁路通道大连铁路枢纽改造工程、新建沈阳南站工程、沈阳至丹东铁路客运专线工程、沈阳铁路枢纽东北环线增建第二线工程
机场	新建松原民用机场、长春龙嘉国际机场二期扩建工程	新建白城民用机场（竣工未投运）、锦州机场（迁建）、营口机场

资料来源：根据黑龙江、吉林、辽宁三省发展改革委提供的资料汇总。

2. 东部地区

（1）基础设施发展情况。2015 年，东部地区铁路营业里程达 2.9 万公里，同比增长 7.4%，其中，设计时速 250 公里以上的高速铁路里程达 7512 公里，同比增长 19.2%；东部地区铁路网密度达到每万平方公里 315.2 公里，其中高速铁路达 82.0 公里。

东部地区公路通车里程达 112.3 万公里，同比增长 1.8%，其中，高速公路达 3.6 万公里，同比增长 6.8%。东部地区公路线网密度达到每万平方公里 12266.6 公里，其中高速公路网 391.9 公里。

东部地区已建成的民航运输机场达 50 个，其中投入运营的有 49 个，每万平方公里民航机场数达到 0.6 个。沿海规模以上码头泊位达 6062 个，同比增长 7.4%，其中万吨级泊位为 1509 个，同比增长 6.3%。内河航道通航里程为 50407.1 公里，其中三级及以上航道里程 4115.4 公里。内河规模以上码头泊位 14011 个，同比增长 6%，其中万吨级泊位为 420 个，同比增长 1.5%。

东部地区现有北京、上海、天津、青岛、杭州、宁波、广州、佛山、深圳、南京、无锡、苏州、淮安等13个城市建有城市轨道交通，运营里程总计2289.5公里，同比增长9.3%。其中，北京554公里，同比增长5.1%；上海617.5公里，同比增长6.9%；南京232公里，同比增长24.1%；广州258公里，同比增长2.4%；杭州81.7公里，同比增长23.4%；宁波49.3公里，同比增长135.9%；天津、苏州、无锡、深圳、佛山的城市轨道交通运营里程分别为139公里、76公里、56公里、179公里、15公里，2015年均无新增运营里程；青岛市12公里，淮安市20公里，均为2015年新增。

2015年东部地区交通基础设施基本情况见表6-5。

表6-5　　2015年东部地区交通基础设施基本情况

指　标	单　位	2014年	2015年	增速（%）
铁路营业里程	公里	26874	28868	7.4
高速铁路里程（设计时速250公里及以上）	公里	6303	7512	19.2
公路通车里程	公里	1103187	1123379	1.8
高速公路里程	公里	33617	35893	6.8
民航运输机场数（已建成的）	个	47	50	6.4
已开通运营的民航运输机场数	个	47	49	4.3
沿海主要规模以上港口码头泊位	个	5647	6062	7.4
沿海万吨级泊位	个	1420	1509	6.3
内河主要规模以上港口码头泊位	个	13218	14011	6.0
内河万吨级泊位	个	414	420	1.5
内河航道通航里程	公里	50393	50407	0.03
等级航道里程	公里	20789	21050	1.3
三级及以上航道里程	公里	3821	4115	7.7
城市轨道交通运营里程	公里	2096	2290	9.3

数据来源：根据北京、天津、河北、山东、上海、江苏、浙江、福建、广东、海南十省（市）发展改革委提供的数据汇总。

（2）客货运输量情况。2015年，东部地区铁路客运量（不含河北、江苏）达 8.9 亿人，同比增长 9.0%，铁路货运量（不含河北、江苏）达 4.3 亿吨，同比下降 8.3%。公路客运量（不含河北、江苏）为 37.8 亿人，公路货运量（不含河北、江苏）为 82.0 亿吨。沿海规模以上港口货物吞吐量达 55.3 亿吨，同比增长 0.8%，其中集装箱吞吐量为 16927 万标准集装箱，同比增长 4.4%。内河规模以上港口货物吞吐量达 26.5 亿吨，同比减少 8.3%，其中集装箱吞吐量为 1722 万标准集装箱，同比增长 8.2%。民航机场旅客吞吐量达 5.6 亿人，同比增长 8.7%，货邮吞吐量达 1112 万吨，同比增长 3.4%。2015 年东部地区客货运量及吞吐量基本情况见表 6-6。

表 6-6　　2015 年东部地区客货运量及吞吐量基本情况

指　标	单位	2014 年	2015 年	增速（%）
铁路客运量	万人	81228	88545	9.0
公路客运量	万人	398356	377638	——
铁路货运量	万吨	46518	42651	−8.3
公路货运量	万吨	775165	820149	——
沿海规模以上港口货物吞吐量	万吨	548466	552772	0.8
集装箱吞吐量	万 TEU	16208	16927	4.4
内河规模以上港口货物吞吐量	万吨	289498	265383	−8.3
集装箱吞吐量	万 TEU	1592	1722	8.2
民航机场旅客吞吐量	万人	51204	55649	8.7
民航机场货邮吞吐量	万吨	1075	1112	3.4

注：因 2015 年公路客货运量统计口径变化，同比增速缺少计算依据。

数据来源：根据北京、天津、河北、山东、上海、江苏、浙江、福建、广东、海南十省（市）发展改革委提供的数据汇总，公路、铁路客货运量统计不包括江苏省、河北省。

（3）重大交通项目进展及若干典型项目基本情况。2015 年，东部地区新开工铁路项目总计 19 个，建成投产项目总计 15 个；公路新开工项目总计 199 个，建成投产项目总计 176 个；民航机场方面新开工项目总计 9 个，建成投产项目总计 5 个；内河航道方面新开工项目总计 8 个，建成投产项目总计 9 个；港口方面新开工项目总计 69 个，其中万吨级以上泊位项目 42 个，建成投产项目总计 55 个，其中万吨级以上泊位项目 41 个；城市轨道交通新开工项目总计 20 个，建成投产项目总计 9 个。

2015 年东部地区重大交通项目基本情况见表 6-7，铁路和民航机场重大交通项目见表 6-8。

表 6-7　　2015 年东部地区重大交通项目基本情况

各交通方式	新开工项目（个）	建成投产项目（个）
铁路	19	15
公路	199	176
高速公路	42	37
民航机场	9	5
内河航道	8	9
港口	69	55
万吨级以上泊位	42	41
城市轨道交通	20	9

注：因部分铁路、公路项目属于跨省建设，本报告按省分段统计项目个数。
数据来源：根据北京、天津、河北、山东、上海、江苏、浙江、福建、广东、海南十省（市）发展改革委提供的数据汇总。

表 6-8　　2015 年东部地区铁路和民航机场重大交通项目名称

领域	新开工项目	建成投产项目
铁路	丰沙线入地工程；梅州至潮汕铁路、广州货车外绕线、合浦至湛江铁路、广州南沙港铁路、新塘经白云机场至广州北城际轨道交通、珠三角城际轨道交通调度指挥中心；衢宁铁路；济南至青岛高速铁路、淄博至东营铁路扩能改造、临沂站客运设施改造工程；商合杭铁路、金台铁路、宁波穿山港区支线、宣杭铁路电气化改造、义乌西货场扩建；徐宿淮盐铁路；邢和、唐曹铁路	北京站至北京西站地下直径线、北京枢纽丰台西站技术改造工程；广深港客专福田站及相关工程；合福铁路、赣龙铁路扩能工程；临沂至临沭铁路、德龙烟铁路德州至大家洼段、辛泰磁东东莱铁路东莱段电气化改造；金丽温铁路；海南西环铁路；宁安城际铁路；津保铁路、京津城际延伸线；张唐铁路、津保铁路、唐山至唐山北客车线

续表

领域	新开工项目	建成投产项目
机场	浦东国际机场三期扩建工程；青岛新机场、临沂机场改扩建工程；宁波机场三期扩建工程航站楼项目、舟山普陀山机场设备设施更新及改扩建工程、绍兴滨海新城通用机场工程、温州机场货运区工程、温州机场交通综合体工程；琼海博鳌国际机场	惠州机场；烟台蓬莱机场、日照机场；安吉通用机场工程；秦皇岛北戴河机场

资料来源：根据北京、天津、河北、山东、上海、江苏、浙江、福建、广东、海南十省（市）发展改革委提供的资料汇总。

2015 年，东部地区北京站至北京西站地下直径线、广深港客专福田站及相关工程、唐山至唐山北客车线等重大铁路项目建成投产，标志着我国东部地区铁路已经开始从大规模干线建设向局部完善与组织优化转变；而惠州机场、烟台蓬莱机场、日照机场、安吉通用机场工程、秦皇岛北戴河机场等重大机场项目的建成投产，则表明民航领域正加快推进支线和通用机场布局。同时新开工的丰沙线入地工程、济南至青岛高速铁路、浦东国际机场三期扩建工程、青岛新机场、海南博鳌国际机场等重大项目，为处理好干线交通与城市交通需求之间的关系，以及我国综合运输体系的进一步优化与完善奠定基础。

3. 中部地区

（1）基础设施发展情况。2015 年，中部地区铁路营业里程达 2.7 万公里，同比增长 4.3%，其中，设计时速 250 公里以上的高速铁路里程达 5712.2 公里，同比增长 15.1%。中部地区铁路网密度达到每万平方公里 263.8 公里，其中高速铁路网为 55.6 公里。

中部地区公路通车里程达 122.5 万公里，同比增长 2.7%，其中，高速公路达 3.3 万公里，同比增长 10.2%。中部地区公路网密度达到每万平方公里 11919.9 公里，其中高速公路网达到 316.5 公里。

中部地区已建成的民航运输机场达 33 个，其中投入运营的有 30 个，每万平方公里民航机场数达到 0.3 个。内河航道通航里程为 34936 公里，同比增长 4.6%，其中三级及以上航道里程 3847 公里，同比增长 3.8%。内河规模以上码头泊位 3683 个，同比减少 1.7%（主要由于安徽省统计泊位数减少），其中万吨级泊位为 14 个，同比增长 16.7%。

中部地区现有长沙、郑州、武汉、南昌等 4 个城市建有城市轨道交通，运营里程总计 208.3 公里，同比增长 45.4%。其中，长沙 27.3 公里，同比增长 23.6%；武汉 126 公里，同比增长 32.6%；南昌 28.8 公里，均为 2015 年新增；郑州 26.2 公里，2015 年无新增运营里程。

2015 年中部地区交通基础设施基本情况见表 6-9。

表 6-9　　2015 年中部地区交通基础设施基本情况

指　标	单位	2014 年	2015 年	增速（%）
铁路营业里程	公里	26000	27106	4.3
高速铁路里程（设计时速 250 公里及以上）	公里	4965	5712.2	15.1
公路通车里程	公里	1193327	1225011	2.7
高速公路里程	公里	29505	32524	10.2
民航运输机场数（已建成的）	个	30	33	10.0
已开通运营的民航运输机场数	个	30	30	0.0
内河主要规模以上港口码头泊位	个	3746	3683	−1.7
内河航道通航里程	公里	33412	34936	4.6
等级航道里程	公里	19164.3	19318.3	0.8
三级及以上航道里程	公里	3705.3	3846.8	3.8
城市轨道交通运营里程	公里	143.3	208.3	45.4

数据来源：根据湖南、湖北、安徽、江西、河南、山西六省发展改革委提供数据汇总，由于铁路复线电气化数据、公路分等级数据、内河航道数据不包括山西省，本表未将这些指标进行汇总。

（2）客货运输量情况。2015 年，中部区域铁路客运量 5.6 亿人次，同比增长 7.4%，铁路货运量 3.5 亿吨，同比减少 11.4%；公路客运量为 5.0 亿人次，公路货运量为 87.7 亿吨。内河规模以上港口货物吞吐量达 12.2 亿吨，同比增长 50.7%，其中集装箱吞吐量为 299.7 万 TEU，同比增长 12.2%。民航机场旅客吞吐量达 8975 万人，同比增长 8.6%，货邮吞吐量达 85.9 万吨，同比增长 6.3%。

2015 年中部地区客货运量及吞吐量基本情况见表 6-10。

表 6-10　　2015 年中部地区客货运量及吞吐量基本情况

指　标	单位	2014 年	2015 年	增速（%）
铁路客运量	万人	51714	55534	7.4
公路客运量	万人	557342	498999	——
铁路货运量	万吨	38962	34590	−11.4
公路货运量	万吨	921358	876739	——
内河规模以上港口货物吞吐量	万吨	81183	122375	50.7
集装箱吞吐量	万 TEU	267	300	12.2
民航机场旅客吞吐量	万人	8261	8975	8.6
民航机场货邮吞吐量	万吨	81	86	6.3

注：因 2015 年公路客货运量统计口径变化，本表因同比增速缺少计算依据而未做统计。
数据来源：根据湖南、湖北、安徽、江西、河南、山西六省发展改革委提供数据汇总。

（3）重大交通项目进展及若干典型项目基本情况。2015 年，中部地区铁路新开工项目总计 16 个，建成投产项目总计 14 个；公路（不含山西省）新开工项目总计 430 项，其中高速公路 15 项，建成投产项目总计 309 个，其中高速公路 32 项；民航机场方面新开工项目总计 5 个；内河航道方面新开工项目总计 11 个，建成投产项目总计 5 个；港口方面新开工项目总计 68 个，建成投产项目总计 69 个，其中万吨级以上泊位项目 1 个；城市轨道交通新开工项目总计 11 个，建成投产项目总计 3 个。

2015 年中部地区重大交通项目基本情况见表 6-11，铁路和民航机场重大交通项目见表 6-12。

表 6-11　2015 年中部地区重大交通项目基本情况

各交通方式	新开工项目（个）	建成投产项目（个）
铁路	16	14
公路	430	309
高速公路	15	32
民航机场	5	0
内河航道	11	5
港口	68	69
万吨级以上泊位	0	1
城市轨道交通	11	3

注：因部分铁路、公路项目属于跨省建设，本报告按省分段统计项目个数。
数据来源：根据湖南、湖北、安徽、江西、河南、山西六省发展改革委提供数据汇总。

表 6-12　2015 年中部地区铁路和民航机场重大交通项目名称

领域	新开工项目	建成投产项目
铁路	渝怀铁路梅江至怀化段增建二线、霞凝货场扩建工程；商合杭、合安、郑阜高铁，芜湖至广德铁路电气化改造，阜阳北站扩能；蒙西至华中煤运通道、新郑机场至郑州南站城际铁路、郑州至万州铁路、郑州至阜阳铁路、商合杭铁路；武汉至十堰城际铁路、武汉动车段高级修能力补强工程；大同至张家口高速铁路项目和阳泉北至大寨地方铁路项目	石长复线、娄邵扩能；合福、宁安高铁，宁西铁路复线；宁西铁路复线电气化工程、郑焦、郑机城际铁路；宁西铁路增建二线、襄阳北编组站增建上行系统；合肥至福州铁路、赣州至龙岩铁路扩能工程；太兴铁路、吕临铁路
机场	邵阳武冈机场、岳阳三荷机场；信阳明港机场；赣州黄金机场改扩建工程、吉安井冈山机场二期扩建工程	——

资料来源：根据湖南、湖北、安徽、江西、河南、山西六省发展改革委提供的资料汇总。

2015 年，我国中部地区合福高铁、十堰武当山机场、长沙磁悬浮工程等重大项目建成投产，对推动中部地区融入全国高速铁路网、加强片区旅游资源开发、促进中部崛起战略的实施、改善城市交通服务水平等方面具有重要意义。同时新开工的渝怀铁路梅江至怀化段二线、商合杭高铁、郑万铁路、大同至张家口高速铁路、新干航电枢纽等重大项目，为“十三五”时期进一步完善中部地区高速铁路网，推进武陵山片区扶贫开发、充分发挥区域水运资源优势奠定了基础。

4. 西部地区

（1）基础设施发展情况。2015 年，西部地区铁路营业里程 5.0 万公里，同比增长 8.9%，其中，设计时速 250 公里以上的高速铁路里程达 4627.7 公里，同比增长 23.3%；复线里程达 2.0 万公里，同比增长 10.4%，复线化率为 38.8%；电气化里程达 2.8 万公里，同比增长 10.5%，电气化率为 55.3%。西部地区铁路网密度达到每万平方公里 73.2 公里，其中高速铁路网达 6.7 公里。

西部地区公路通车里程达 180.9 万公里，同比增长 2.8%，其中高速公路达 4.4 万公里，同比增长 15.5%。西部地区公路网密度达到每万平方公里 2630.4 公里，其中高速公路网达 64.1 公里。

西部地区已建成的民航运输机场达 108 个，其中投入运营的有 101 个，每万平方公里民航机场数为 0.2 个。内河航道通航里程为 3.5 万公里，同比增长 1.8%，其中三级及以上航道里程 1988 公里，同比增长 15.8%。内河规模以上码头泊位 1956 个，同比增长 1.1%，其中万吨级以上泊位 143 个，同比增长 15.3%，均在广西境内。

西部地区现有西安、成都、重庆、昆明 4 个城市建有城市轨道交通，运营里程合计约 401 公里，同比增长 7.3%，其中，成都 88 公里，同比增长 45.2%，西安、重庆、昆明分别为 50.9 公里、202 公里、60 公里，2015 年均无新增运营里程。

2015 年西部地区交通基础设施基本情况见表 6-13。

表 6-13　　2015 年西部地区交通基础设施基本情况

指　标	单位	2014 年	2015 年	增速（%）
铁路营业里程	公里	46213	50323	8.9
高速铁路里程（设计时速 250 公里及以上）	公里	3754	4628	23.3
国家铁路复线里程	公里	17671	19509	10.4
国家铁路电气化里程	公里	25163	27804	10.5
公路通车里程	公里	1760427	1809373	2.8
高速公路里程	公里	38195	44100	15.5
民航运输机场数（已建成的）	个	98	108	10.2
已开通运营的民航运输机场数	个	97	101	4.1
内河主要规模以上港口码头泊位	个	1934	1956	1.1
内河万吨级泊位	个	124	143	15.3
内河航道通航里程	公里	34471	35108	1.8
等级航道里程	公里	19449	20086	3.3
三级及以上航道里程	公里	1717	1988	15.8
城市轨道交通运营里程	公里	374	401	7.3

数据来源：根据内蒙古、陕西、四川、重庆、贵州、云南、广西、甘肃、宁夏、青海、新疆、西藏十二个省份发展改革委提供的数据汇总。

（2）客货运输量情况。2015 年，西部地区铁路客运量达 5.5 亿人，同比增长 23.4%；铁路货运量达 13.8 亿吨，同比下降 11.5%。公路客运量为 5.4 亿人，公路货运量为 94.8 亿吨。民航机场旅客吞吐量达 2.7 亿人，同比增长 13.4%，货邮吞吐量约达 212 万吨，同比增长 5.9%。

2015 年西部地区客货运量及吞吐量基本情况见表 6-14。

表 6-14　　2015 年西部地区客货运量及吞吐量基本情况

指　标	单位	2014 年	2015 年	增速（%）
铁路客运量	万人	44270	54618	23.4
公路客运量	万人	464380	539632	——
铁路货运量	万吨	156186	138153	−11.5
公路货运量	万吨	855366	947832	——

续表

指 标	单位	2014 年	2015 年	增速（%）
民航机场旅客吞吐量	万人	23689	26853	13.4
民航机场货邮吞吐量	万吨	200	212	5.9

注：因 2015 年公路客货运量统计口径变化，同比增速缺少计算依据。
数据来源：根据内蒙古、陕西、四川、重庆、贵州、云南、广西、甘肃、宁夏、青海、新疆、西藏十二个省份发展改革委提供的数据汇总。

（3）重大交通项目进展及若干典型项目基本情况。2015 年，西部地区铁路新开工项目总计 32 个，建成投产项目总计 29 个；高速公路新开工项目总计 57 个，建成投产项目总计 60 个；民航机场方面新开工项目总计 15 个，建成投产或已竣工项目总计 5 个；内河航道方面新开工项目总计 9 个，建成投产项目总计 3 个，其中长江干线航道新开工项目 2 个；港口方面新开工项目总计 7 个，其中万吨级以上泊位项目 3 个，建成投产项目总计 10 个，其中万吨级以上泊位项目 5 个；城市轨道交通新开工项目总计 15 个，建成投产项目总计 2 个。

2015 年西部地区重大交通项目基本情况见表 6-15，铁路和机场重大交通项目见表 6-16。

表 6-15　　2015 年西部地区重大交通项目基本情况

各交通方式	新开工项目（个）	建成投产项目（个）
铁路	32	29
高速公路	57	60
民航机场	15	5
内河航道	9	3
长江干线航道	2	0
港口	7	10
万吨级以上泊位	3	5
城市轨道交通	15	2

注：因部分铁路、公路项目属于跨省建设，本报告按省分段统计项目个数。
数据来源：根据内蒙古、陕西、四川、重庆、贵州、云南、广西、甘肃、宁夏、青海、新疆、西藏十二个省份发展改革委提供的数据汇总。

表 6-16　　2015 年西部地区铁路和机场重大交通项目名称

领域	新开工	建成
铁路	川南城际铁路内自泸段、隆黄铁路叙镇段、吴忠至中卫城际铁路、银西铁路、玉溪至磨憨、大理至临沧、弥勒至蒙自、叙永至毕节铁路云南段、叙永至毕节铁路贵州段、渝怀铁路梅江至怀化段增建二线、瓮安至马场坪铁路、郑万铁路、重庆铁路枢纽东环线、银川至西安铁路、乌鲁木齐集装箱中心站、阿勒泰至富蕴至准东线、乌鲁木齐铁路枢纽乌西至乌北联络线、合浦至湛江铁路、蒙西至华中铁路内蒙古段、阿荣旗至莫旗铁路、通辽至京沈高铁新民北站铁路、赤峰至京沈高铁喀左站铁路、平齐线电气化改造、通让铁路电气化改造、京通铁路电气化改造、叶赤线扩能改造、乌海北货场、西巴彦花至长春铁路、青藏铁路格尔木至拉萨段扩能改造、蒙西至华中铁路陕西段、银川至西安铁路	兰渝铁路四川境内段、成渝客专、巴达铁路、沪昆客专贵阳至新晃段、林歹至织金（新店）铁路、织金至纳雍铁路、织金至毕节铁路、贵阳铁路枢纽白云至龙里北联络线、成渝客专、兰渝铁路重庆段、兰州至中川机场铁路、天水至平凉铁路、额济纳至哈密铁路、敦煌至格尔木铁路敦煌至肃北段、新建铁路额济纳至哈密线、精霍线伊宁至霍尔果斯电气化改造、湘桂铁路柳州至南宁段电气化改造、云桂铁路南宁至百色段、大准铁路九苏木至二道河增二线、大四线响吴高段、陶利庙至鄂托克前旗铁路、巴新铁路新邱至大板北段、额济纳至哈密铁路、锡林浩特至二连浩特铁路、大塔至四眼井铁路吴四圪堵至四眼井段、集通铁路增建二线兴和至查干芒和段、集通铁路增建二线查干芒和至公主埂、黄韩侯铁路、准神铁路
机场	泸州机场迁建、巴中机场、南充机场航站楼改扩建工程、巫山神女峰机场、陇南成州民用机场、莎车机场、若羌机场、柳州机场航站楼扩建工程、桂林机场航站楼扩建工程、乌兰察布运输机场、格尔木机场改扩建工程、祁连机场、安康机场迁建工程、林芝米林机场航站区改扩建工程、昌都邦达机场飞行区改造工程	泸沽湖机场、庆阳机场扩建工程、富蕴机场、石河子机场、花土沟机场

资料来源：根据内蒙古、陕西、四川、重庆、贵州、云南、广西、甘肃、宁夏、青海、新疆、西藏十二个省份发展改革委提供的资料汇总。

5. 四大板块交通发展情况小结

（1）各种交通设施规模的区域分布情况。2015 年，东北、东部、中部和西部地区铁路营业里程占比分别为 13.4%、23.5%、22.1%和 41.0%，西部地区占比最大；高速铁路里程占比分别为 11.6%、37.2%、28.3%和 22.9%，东部地区占比最大；公路通车里程占比分别为 8.4%、24.8%、27.0%和 39.9%，西部地区占比最大；高速公路里程占比分别为 9.0%、29.0%、26.3%和 35.7%，西部地区占比最大；民航运输机场数量占比分别为 11.2%、23.3%、15.3%和 50.2%，西部地区占比最大。2015 年东北、东、中、西部地区各种交通设施规模的占比情况分别见图 6-2 至图 6-6。

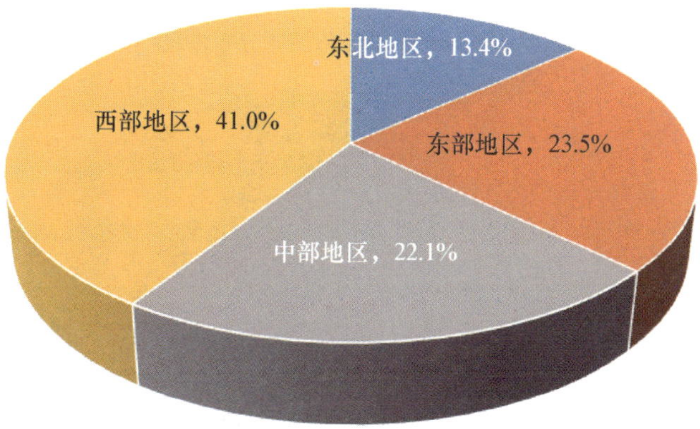

图 6-2　2015 年铁路区域分布情况

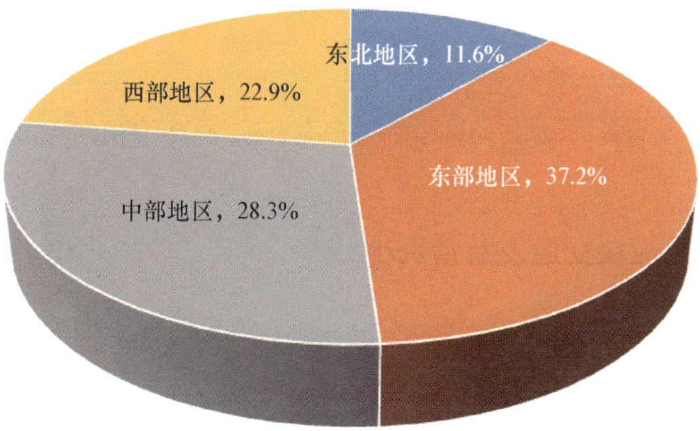

图 6-3　2015 年高速铁路区域分布情况

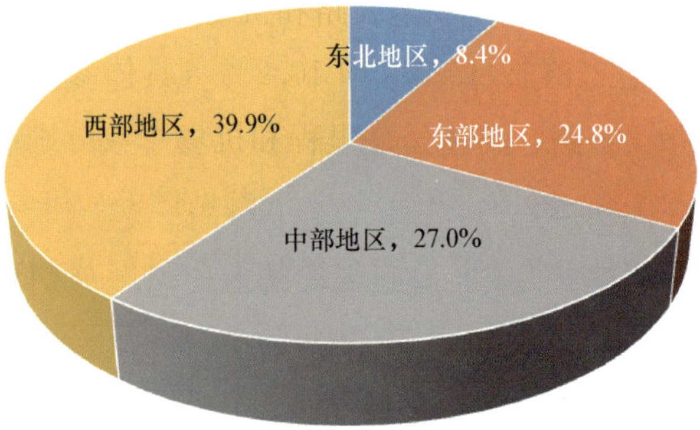

图 6-4 2015 年公路区域分布情况

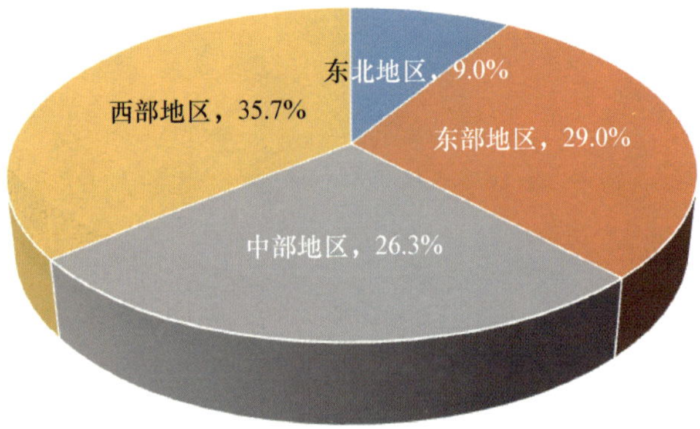

图 6-5 2015 年高速公路区域分布情况

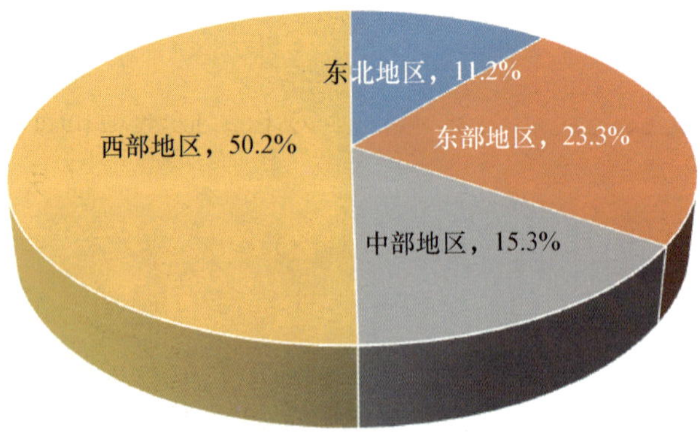

图 6-6 2015 年民航运输机场数量区域分布情况

（2）西部地区铁路、民航基础设施和客运总量快速增长。2015

年，西部地区铁路、公路、高速公路和机场规模增速最快，同比增速分别达到 8.9%、2.8%、15.5%和 10.2%（具体参见图 6-7 和表 6-17）；新增铁路、公路、高速公路里程和机场个数分别占全国新增规模的 49%、45.4%、50.2%和 55.6%（参见图 6-8 和表 6-17），各项指标均居四大板块之首。这一情况体现了我国加快西部地区发展的区域发展战略以及“十二五”时期我国交通基础设施建设力度明显向西部地区倾斜的发展成果。截至 2015 年，西部地区的铁路营业里程超过 5 万公里，民航运输机场超过 100 个，成为四大板块中铁路营业里程和机场个数最多的区域。与此相适应的，2015 年西部地区的铁路客运量和民航机场旅客吞吐量增速分别达到 23.4%和 29.5%，远远领先于其他板块。

（3）东北地区高速铁路里程增速最为显著，但铁路客货运量增速最低。2015 年，东北地区的高速铁路里程达到 2332 公里，同比增加 56.1%，增速居四大板块之首，使得东北地区高速铁路网占全国的比重由 9%提升至 11.6%（参见图 6-9）。不过，值得注意的是，尽管东北地区高速铁路网里程增速最快，但同期铁路客运量的增速仅为 0.9%，远远低于其他地区。这与东北地区人口增速总体低于其他板块有一定关系。此外，由于产业结构调整和转型升级还面临诸多考验，受去产能压力影响，作为老工业基地的东北地区，其铁路货运需求也出现 18.5%的下降幅度，成为四大板块中铁路货运需求下降幅度最大的地区（参见表 6-18）。

（4）东部地区仍是交通设施布局最密集和民航客货运需求最集中的区域。2015 年，东部地区每万平方公里铁路和高速铁路的路网密度分别为 315.2 公里和 82.0 公里，公路和高速公路的路网密度分别为 12266.6 公里和 391.9 公里，民航机场的路网密度为 0.6 个。具体参见表 6-17。上述各项指标均位于四大板块之首。事实上，交通基础设施的路网密度与产业、城镇、人口的分布有密切关系，由于区域经济发展格局的慢变量属性，东部地区交通设施路网密度仍将长期保持领先。此外，东部地区的民航旅客吞吐量和货邮吞吐量比重位于四大板块之首，也体现了这一地区高附加值客货运输需求与经济发展的重要联系。2015 年四大板块交通基础设施情况见表 6-17。

表 6-17　　2015 年四大板块交通基础设施情况

类别指标		东北地区	东部地区	中部地区	西部地区
现状规模	铁路营业里程（公里）	16462	28868	27106	50323
	高速铁路里程（公里）	2332	7512	5712	4628
	公路通车里程（公里）	380924	1123397	1225011	1809373
	高速公路通车里程（公里）	11170	35893	32524	44100
	已建成机场个数（含建成未运营机场）(个)	24	50	33	108
同比增速	铁路里程同比增速	7.7%	7.42%	4.3%	8.9%
	高速铁路里程同比增速	56.1%	19.2%	15.1%	23.3%
	公路里程同比增速	1.9%	1.8%	2.7%	2.8%
	高速公路里程同比增速	5.3%	6.8%	10.2%	15.5%
	民航机场个数同比增速	9.1%	6.4%	10.0%	10.2%
区域结构	铁路里程占全国比重	13.4%	23.5%	22.1%	41.0%
	高速铁路里程占全国比重	11.6%	37.2%	28.3%	22.9%
	新增铁路里程占全国新增里程比重	14.0%	23.8%	13.2%	49.0%
	新增高速铁路里程占全国新增里程比重	22.8%	33.0%	20.4%	23.8%
	公路里程占全国比重	8.4%	24.8%	27.0%	39.9%
	高速公路里程占全国比重	9.0%	29.0%	26.3%	35.7%
	新增公路里程占全国新增里程比重	6.5%	18.7%	29.4%	45.4%
	新增高速公路里程占全国新增里程比重	4.8%	19.3%	25.7%	50.2%
	民航机场数量占全国比重	11.2%	23.3%	15.3%	50.2%
	新增民航机场数量占全国新增数量比重	11.1%	16.7%	16.7%	55.6%
路网密度	铁路网密度（公里/万平方公里）	208.9	315.2	263.8	73.2
	高速铁路网密度（公里/万平方公里）	29.6	82.0	55.6	6.7
	公路网密度（公里/万平方公里）	4833.4	12266.6	11919.9	2630.4
	高速公路网密度（公里/万平方公里）	141.7	391.9	316.5	64.1
	机场密度（个/万平方公里）	0.3	0.6	0.3	0.2

数据来源：根据各省（市、自治区）发展改革委提供数据汇总整理。

（5）中部地区公路网密度绝对值的增加最为显著，铁路货运量下降最少。2015 年，中部地区公路网密度达到每万平方公里 11919.93 公里，同比增加 308.30 公里，其中高速公路网密度达到 316.47 公里，同比增加 29.37 公里。2015 年四大板块客货运输量情况见表 6-18，四大板块交通基础设施路网密度同比增长情况见表 6-19。由表 6-19 可见，中部地区每万平方公里的公路和高速公路里程增加值最高，增长幅度则仅次于西部地区。此外，中部地区铁路货运量同比下降 4.4%，是四大板块中铁路货运量下降最少的地区。

表 6-18　　2015 年四大板块客货运输量情况

类比指标		东北地区	东部地区	中部地区	西部地区
现状规模	铁路客运量（万人）	29864	88545	63634	54618
	铁路货运量（万吨）	27478	42651	110290	138153
	公路客运量（万人）	123588	377638	525199	539632
	公路货运量（万吨）	256783	820149	970839	947832
	民航机场旅客吞吐量（万人）	5489	55649	8975	26853
	民航机场货邮吞吐量（万吨）	49	1112	86	212
同比增速	铁路客运量同比增速	0.9%	9.0%	8.5%	23.4%
	铁路货运量同比增速	−18.5%	−8.3%	−4.4%	−11.5%
	民航机场旅客吞吐量同比增速	8.2%	8.7%	8.6%	13.4%
	民航机场货邮吞吐量同比增速	4.7%	3.4%	6.3%	5.9%
区域结构	公路客运量占比	7.9%	24.1%	33.5%	34.5%
	公路货运量占比	8.6%	27.4%	32.4%	31.6%
	民航机场旅客吞吐量占比	5.7%	57.4%	9.3%	27.7%
	民航机场货邮吞吐量占比	3.4%	76.2%	5.9%	14.5%

注：东部地区铁路客货运量不含河北、江苏两省。
数据来源：根据各省（市、自治区）发展改革委提供数据汇总整理。

表 6-19　2015 年四大板块交通基础设施路网密度同比增长情况

单位：公里/万平方公里、个/万平方公里

板块	年份及变化	铁路	高速铁路	公路	高速公路	机场
东北地区	2014 年	193.99	18.96	4744.76	134.55	0.28
	2015 年	208.88	29.59	4833.44	141.74	0.30
	增加值	14.89	10.63	88.68	7.19	0.02
	增长幅度（%）	7.68	56.07	1.87	5.34	7.14
东部地区	2014 年	293.45	68.83	12046.89	367.08	0.51
	2015 年	315.22	82.03	12266.64	391.94	0.55
	增加值	21.77	13.20	219.75	24.86	0.04
	增长幅度（%）	7.42	19.18	1.82	6.77	7.84
中部地区	2014 年	252.99	48.31	11611.63	287.10	0.29
	2015 年	263.75	55.58	11919.93	316.47	0.32
	增加值	10.76	7.27	308.30	29.37	0.03
	增长幅度（%）	4.25	15.05	2.66	10.23	10.34
西部地区	2014 年	67.18	5.46	2559.24	55.53	0.14
	2015 年	73.16	6.73	2630.4	64.11	0.16
	增加值	5.98	1.27	71.16	8.58	0.02
	增长幅度（%）	8.90	23.26	2.78	15.45	14.29

（6）各板块间部分设施的路网密度差距有所减小。2015 年，各大板块各种交通设施的路网密度都有不同程度的提升，从增加的绝对值来看，东部地区在铁路、高速铁路、民航机场等设施上的增加值最高（见表 6-19）；从提升的幅度来看，西部区域各种交通设施的提升幅度都是最大的（见表 6-19）。以路网密度最高的东部区域为标杆，2015 年东北、中部、西部等板块在大部分路网设施上与东部地区的差距幅度都出现了同比缩减的情况，比如，东北地区和西部地区在高速铁路设施路网密度方面与东部区域的差距分别缩减了 85.8%和 42.3%，西部地区在高速公路网和民航机场的路网密度方面较之东部地区分别缩减了 49.7%和 16.5%（见表 6-20）。这一情况在一定程度上体现了国家优化区域交通发展结构的政策

效果。2015 年东北、中部及西部地区交通基础设施路网密度与东部地区的差距变化情况见表 6-20。

表 6-20 2015 年东北、中部及西部地区交通基础设施路网密度与东部地区的差距变化情况

板块	年份及变化	铁路网	高速铁路网	公路网密度	高速公路网	机场
东北地区	2014 年	51.3%	263.1%	153.9%	172.8%	83.8%
	2015 年	50.9%	177.2%	153.8%	176.5%	83.3%
	差距变幅	缩减 0.4%	缩减 85.8%	缩减 0.1%	扩大 3.7%	缩减 0.5%
中部地区	2014 年	16.0%	42.5%	3.7%	27.9%	75.8%
	2015 年	19.5%	47.6%	2.9%	23.8%	71.9%
	差距变幅	扩大 3.5%	扩大 5.1%	缩减 0.8%	缩减 4%	缩减 3.9%
西部地区	2014 年	336.8%	1161.2%	370.7%	561.1%	260.2%
	2015 年	330.9%	1118.9%	366.3%	511.4%	243.8%
	差距变幅	缩减 5.9%	缩减 42.3%	缩减 4.4%	缩减 49.7%	缩减 16.5%

2015 年四大板块主要基础设施规模增长情况、新增交通设施规模占比情况及高速铁路里程分布变化情况分别见图 6-7、图 6-8、图 6-9。

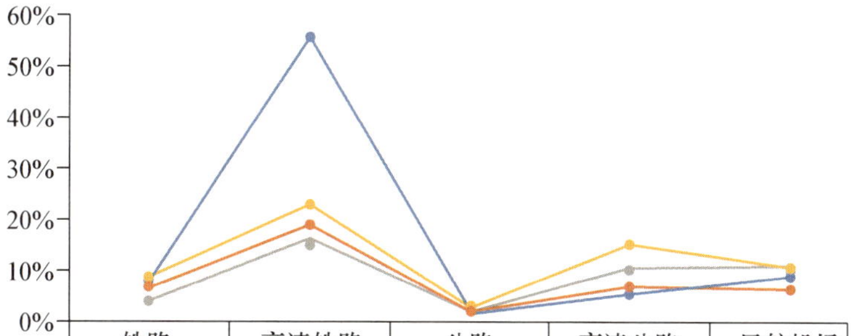

	铁路	高速铁路	公路	高速公路	民航机场
东北地区	7.7%	56.1%	1.9%	5.3%	9.1%
东部地区	7.4%	19.2%	1.8%	6.8%	6.4%
中部地区	4.3%	15.1%	2.7%	10.2%	10.0%
西部地区	8.9%	23.3%	2.8%	15.5%	10.2%

图 6-7 2015 年四大板块主要基础设施规模增长情况

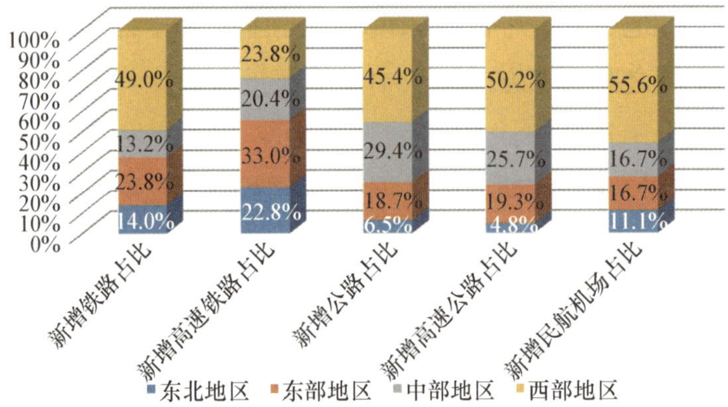

图 6-8　2015 年四大板块新增交通设施规模占全国比重情况

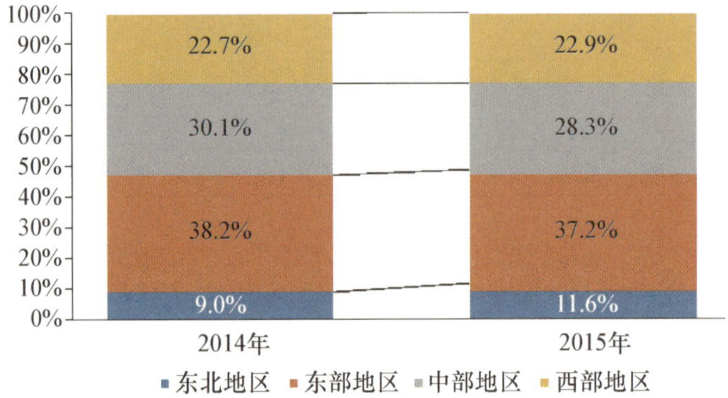

图 6-9　2015 年四大板块高速铁路里程分布变化情况

（二）“一带一路”相关地区

1. 与周边国家互联互通重大交通项目基本情况

2015 年 3 月 28 日，经中华人民共和国国务院授权，国家发展改革委、外交部、商务部联合发布了《推动共建丝绸之路经济带和 21 世纪海上丝绸之路的愿景与行动》。根据这份文件，丝绸之路经济带重点畅通中国经中亚、俄罗斯至欧洲（波罗的海），中国经中亚、西亚至波斯湾、地中海，中国至东南亚、南亚、印度洋的运输通道；21世纪海上丝绸之路重点方向是从中国沿海港口过南海到印度洋并延伸至欧洲，从中国沿海港口过南海到南太平洋。根据“一带一路”走向，陆上依托国际大通道，以沿线中心城市为支撑，以重点经贸产业园区为合作平台，共同打造新亚欧大陆桥、中蒙俄、中国—中亚—西亚、中国—中南半岛等国际经济合作走廊；海上以重点港口为节点，共同建设通畅安全高效的运输大通道。此外，还会进一步推动与“一带一路”建设关联紧密的中巴、孟中印缅两个经济走廊。

2. 中欧、中亚等西行班列发展的基本情况

截至2015年年底，全国已有19个省份近30个城市开行了通达欧洲（含俄罗斯）、中亚地区的集装箱国际铁路班列。自2011年3月19日首列中欧班列开行至2015年年底，我国开往欧洲地区的国际集装箱班列累计开行总数已达1262列，呈现快速增长态势。其中，2011年开行17列，2012年开行42列，2013年开行80列。2014年共开行308列，同比增长285%，共发送26078标准集装箱，共计15万吨，货物总价值18.5亿美元。2015年开行815列。在回程班列方面，2014年共开行28列，总计2266标准集装箱，2015年开行265列，占去程班列总数的48%。

中欧班列的主要货类包括IT产品、汽车配件、机器设备、服装百货等。其中，自重庆、成都、郑州、武汉、苏州等地开出的班列多以IT产品、汽车配件为主；自义乌开出的班列以日用小商品为主；此外，自天津、连云港开出的班列还包括有日韩过境货物。

2015年，中欧班列基本形成经五大口岸进出的三条物流通道，共计21条班列线。其中，西部通道，经阿拉山口或霍尔果斯口岸出入境，主要货源范围为中西部地区，我国境内段铺画13条班列线；

中部通道，经二连浩特口岸出入境，主要货源范围为华北、华中地区，境内铺画 2 条班列线；东部通道，经满洲里或绥芬河口岸出入境，货源范围为东南沿海及东北地区，境内铺画 6 条班列线。

从班列运营主体的属性来看，目前中欧班列主要有两种运营组织模式：其一，由政府主导的国有或国有控股企业参与成立班列运营企业，如“渝新欧”、“郑欧”；其二，由民营企业自发开通和主导，如“营满欧”、“义新欧”。

在具体的运营组织中，班列的主要参与主体包括班列运营企业、中铁集装箱运输公司（以下简称“中铁集运”）、沿线铁路局、国外铁路运输企业、大型船公司、货代企业及其他物流企业等等。其中，班列运营企业通常是各地成立的平台公司，在运输链条中充当“联运经营人”的角色；中铁集运则主要提供集装箱租赁、货运代理等服务，其下属企业中铁国际多式联运公司也参与班列运营；沿线铁路局和国外铁路运输企业分别提供境内外铁路运输服务，一些国外铁路公司（如德国国铁）也通过合资方式参与部分班列的运营。

（三）京津冀地区

1. 京津冀交通一体化主要进展概述

2015 年，京津冀交通一体化在规划、投融资、建设、运营等领域和环节取得一系列重要进展。在规划和实施方案等顶层设计方面，京津冀三地积极统筹谋划，完善专项规划，配合国家发展改革委和交通运输部制定《京津冀协同发展交通一体化规划》，编制了《京津冀城际铁路网规划》；天津市联合河北省，完成津冀港口群集疏运体系改善方案。此外，三地还积极促进多规融合，将交通一体化的各项要求落实到“十三五”规划中，实现“一张蓝图”管全程。在交通投融资方面，2015 年 3 月，京津冀三地政府和中国铁路总公司共同出资，注册成立了京津冀城际铁路投资有限公司，承担规划、投融资、建设、运营管理职责，并积极探索“铁路＋土地综合开发”的融资模式。在重大建设项目方面，京台高速天津段、津保高速铁路、京津城际铁路延伸线等重点项目已通车。在运营方面，2015 年 4 月，津蓟铁路市郊客运列车正式通车，从天津至蓟县的客车运行时间缩短至 90 分钟，票价也很惠民，仅有 16.5 元；7 月 10 日，京蓟之间正式开通城际铁路列车，成为国内第一条由县域始发直达首都北京的城际快车；2015 年 12 月 20 日起，北京市 139 条公交线路具备京津冀一卡通互通运营条件，12 月 25 日，北京、天津、石家庄、邯郸、保定、沧州和承德率先实现一卡通。

2. 京津冀地区交通发展情况

（1）基础设施发展情况。2015 年，京津冀地区铁路营业里程达 9410 公里，同比增长 8.4％，其中设计时速 250 公里以上的高速铁路里程达 1478 公里，同比增长 16.5％。京津冀地区铁路网密度达到每万平方公里 436.0 公里，其中高速铁路网 68.5 公里。

京津冀地区公路通车里程达 22.3 万公里，同比增长 2.7％，其中，高速公路达 0.8 万公里，同比增长 5.7％；一级公路里程达 0.8 万公里，同比增长 6.1％；二级公路里程达 2.6 万公里，同比增长 1.3％；等级公路里程 21.7 万公里，同比增长 2.9％，等级公路占公路总里程的比重为 97.3％，同比提升 0.3 个百分点；二级及以上公路里程占公路总里程的比重为 19.1％，同比提升 0.07 个百分点。京津冀地区公路网密度达到每万平方公里 10330.9 公里，其中高速公路网为 391.0 公里。

京津冀地区已建成的民航运输机场达 8 个，均已投入运营，每万平方公里机场个数达到 0.4 个。沿海规模以上码头泊位达 364 个，同比增长 6.4％。

京津冀地区现有北京、天津两个城市建有城市轨道交通，运营里程总计 693 公里，同比增长 4.1％。其中，北京 554 公里，同比增长 5.1％；天津 139 公里，2015 年无新增运营里程。

2015 年京津冀地区交通基础设施基本情况见表 6-21。

表 6-21　2015 年京津冀地区交通基础设施基本情况

指　标	单位	2014 年	2015 年	增速（%）
铁路营业里程	公里	8684	9410	8.4
高速铁路里程（设计时速 250 公里及以上）	公里	1269	1478	16.5
公路通车里程	公里	217159	222941	2.7
高速公路里程	公里	7983	8438	5.7
国家高速公路里程	公里	4226	4705	11.3
一级公路里程	公里	7688	8156	6.1
二级公路里程	公里	25701	26040	1.3
等级公路里程	公里	210817	216985	2.9
民航运输机场数（已建成的）	个	8	9	12.5
已开通运营的民航运输机场数	个	8	8	0.0
沿海主要规模以上港口码头泊位	个	342	364	6.4
城市轨道交通运营里程	公里	666	693	4.1

数据来源：根据北京、天津、河北三省（市）发展改革委提供数据汇总。

（2）客货运输量情况。2015 年，京津冀地区公路客运量为 10.9 亿人，公路货运量为 22.8 亿吨。沿海规模以上港口货物吞吐量达 14.5 亿吨，同比减少 2.5％，其中集装箱吞吐量为 1664 万 TEU，同比增长 4.7％。民航机场旅客吞吐量达 1.2 亿人，同比增长 6.2％，货邮吞吐量达 214 万吨，同比减少 1.0％。

2015 年京津冀地区客货运量及吞吐量基本情况见表 6-22。

表 6-22　　2015 年京津冀地区客货运量及吞吐量基本情况

指　标	单位	2014 年	2015 年	增速（%）
公路客运量	万人	119418	109241	——
公路货运量	万吨	241832	228405	——
沿海规模以上港口货物吞吐量	万吨	149032	145351	−2.5
集装箱吞吐量	万 TEU	1590	1664	4.7
民航机场旅客吞吐量	万人	10956	11637	6.2
民航机场货邮吞吐量	万吨	217	214	−1.0

注：因 2015 年公路客货运量统计口径变化，同比增速缺少计算依据。
数据来源：根据北京、天津、河北三省（市）发展改革委提供数据汇总。

（3）重大交通项目进展及若干典型项目基本情况。2015 年，京津冀地区铁路新开工项目总计 3 个，建成投产项目总计 7 个；公路新开工项目总计 40 个，其中高速公路项目 1 个，建成投产项目总计 11 个，其中高速公路项目 3 个；民航机场方面建成投产项目总计 1 个；港口方面建成投产项目总计 12 个，其中万吨级以上泊位项目 12 个；城市轨道交通新开工项目总计 9 个，建成投产项目总计 2 个，2015 年新增运营里程 27 公里。

2015 年京津冀地区重大交通项目基本情况见表 6-23，铁路和民航机场重大交通项目名称见表 6-24。

表 6-23　　2015 年京津冀地区重大交通项目基本情况

交通方式	新开工项目（个）	建成投产项目（个）
铁路	3	7
公路	40	11
高速公路	1	3
民航机场	0	1
港口	0	12
万吨级以上泊位	0	12
城市轨道交通	9	2

数据来源：根据北京、天津、河北三省（市）发展改革委提供数据汇总；公路数据不包括河北省。

表 6-24　　2015 年京津冀地区铁路和民航机场重大交通项目名称

领域	新开工项目	建成投产项目
铁路	丰沙线入地工程；邢和、唐曹铁路	北京至北京西地下直径线、北京枢纽丰台西站技术改造工程；津保铁路、京津城际延伸线；张唐铁路、津保铁路、唐山至唐山北客车线
机场	——	秦皇岛北戴河机场

资料来源：根据北京、天津、河北三省（市）发展改革委提供的资料汇总。

2015 年，京津冀地区京秦高速公路天津段工程、京津城际延伸线、津保铁路、秦皇岛北戴河机场等重大项目建成投产，对于加强天津北部、唐山、秦皇岛地区与北京直接的交通联系，完善环渤海地区铁路网，促进京津同城化和天津经济社会的快速发展具有重要意义。同时新开工了兴延高速、津围公路北二线工程等重大项目，既能突破现状京津冀地区之间的交通瓶颈，加快天津北部地区与北京市、河北省的融合发展，又能带动蓟县山区农村经济与旅游资源开发，服务蓟县新型城镇化建设。

（四）长江经济带

1. 长江干线航运情况

按照河道水文和地理特征，长江上中下游划分区段为：宜昌以上河段为上游，宜昌至湖口河段为中游，湖口以下河段为下游。按照航道养护管理的特点，长江上中下游划分区段为：宜昌以上为长江上游航道，宜昌至汉口为长江中游航道，汉口至长江口为长江下游航道。

长江干线航道上起云南水富，下至长江入海口，全长 2838 公里。其中：云南水富至四川宜宾合江门段 30 公里由四川省交通运输厅负责养护管理，湖北宜昌中水门至秭归庙河段 59 公里由长江三峡通航管理局负责养护管理，江苏太仓浏河口至上海长江口（南汉）段 120 公里由长江口航道管理局负责养护管理，其余河段由长江航道局负责养护管理。

2015 年，长江干线多项工程建设取得重大进展。9 月 14 日，世界上在建规模最大的三峡升船机下游基坑进水前验收顺利通过，取得阶段性成果。9 月 28 日，长江下游口岸直水道航道治理落成洲守护工程竣工，落成洲守护工程是南京以下 12.5 米深水航道治理奠基工程。10 月 23 日，长江干线安庆皖河口至吉阳矶河段主航道维护尺度试运行提高，万吨轮将全年直通该河段。11 月 23 日，长江上游火焰碛航段浚深工程开工，长江干线宜宾至重庆河段航道等级提升的序幕正式拉开。12 月 3 日，长江南京以下 12.5 米深水航道一期工程竣工，长江下游 12.5 米深水航道里程达到 79 公里。12 月 24 日，荆江航道整治工程完工，航道最低维护水深达到 3.5 米以上。

截至 2015 年年底，长江干线宜宾以下全部建成高等级航道，长江干线内河货运船舶每艘平均载重吨达到了 1380 吨，三峡库区货船平均吨位达到 4020 吨，分别是 2010 年的 1.6 倍和 1.9 倍，长江干线货物通过量达到 21.8 亿吨，与 2014 年的 20.6 亿吨相比，同比增长 5.8%，与 2010 年的 15.02 亿吨相比，5 年增长超过 45%。长江沿线已基本建立以三大航运中心为骨干、以沿江主要港口为支撑、其他重要港口为补充、干支联动的现代化长江港口体系，形成了四川三峡库区港口群、湖北武汉地区港口群、安徽皖江地区港口群、江苏南京等长三角地区港口群等四大港口群，长江干线亿吨级大港从 2010 年的 5 个增长到 2015 年的 12 个，万吨级泊位由 2010 年的 323 个增长到 2015 年的 502 个。此外，截至 2015 年年底，长江干线数字航道里程达到 1200 公里，长江电子航道图

1.0 至 3.0 版相继研发成功并推广应用，长江航运物流公共信息平台基本建成，便利了航运企业生产计划安排和船舶配载。

2. 长江经济带交通发展情况

（1）基础设施发展情况。2015 年，长江经济带地区铁路营业里程达 3.8 万公里，同比增长 8.0%，其中，设计时速 250 公里以上的高速铁路里程达 9335 公里，同比增长 21.9%；复线里程达 19561 公里，同比增长 14.7%，复线化率为 51.3%；电气化里程达 26697 公里，同比增长 12.3%，电气化率为 70.0%。长江经济带地区铁路网密度达到每万平方公里 187.2 公里，其中高速铁路网为 45.8 公里。

长江经济带地区公路通车里程达 210.3 万公里，同比增长 3.1%，其中，高速公路达 5.3 万公里，同比增长 10.7%；一级公路里程达 3.7 万公里，同比增长 10.8%；二级公路里程达 14.0 万公里，同比增长 5.9%；等级公路里程 164.7 万公里，同比增长 4.5%，等级公路占公路总里程的比重为 78.3%，同比提升 1.2 个百分点；二级及以上公路里程占公路总里程的比重为 10.9%，同比提升 0.5 个百分点。长江经济带地区公路网密度达到每万平方公里 10319.4 公里，其中高速公路网为 260.8 公里。

长江经济带地区已建成民航运输机场达 86 个，其中投入运营的有 84 个，每万平方公里民航机场数达到 0.4 个。沿海规模以上码头泊位达 3116 个，同比增长 5.9%，其中万吨级泊位为 730 个，同比增长 6.9%。内河航道通航里程为 9.3 万公里，其中三级及以上航道里程 7668 公里，此外，内河规模以上码头泊位 17106 个，同比增长 3.9%，其中万吨级泊位为 434 个，同比增长 1.8%。

长江经济带地区现有上海、杭州、宁波、长沙、武汉、南京、苏州、无锡、淮安、南昌、成都、重庆、昆明等 13 个城市建有城市轨道交通，运营里程总计 1665 公里，同比增长 14.5%，其中，上海 617.5 公里，同比增长 6.9%；杭州 81.7 公里，同比增长 23.4%；宁波 49.3 公里，同比增长 135.9%；长沙 27.3 公里，同比增长 23.6%；武汉 126 公里，同比增长 32.6%；南京 232 公里，同比增长 24.1%；成都 88.05 公里，同比增长 45.2%；苏州、无锡、昆明、重庆分别为 76 公里、56 公里、60 公里、202 公里，2015 年均无新增运营里程；淮安市、南昌市分别为 20 公里、28.8 公里，均为 2015 年新增。

2015 年长江经济带地区交通基础设施基本情况见表 6-25。

表 6-25　　2015 年长江经济带地区交通基础设施基本情况

指　标	单位	2014 年	2015 年	增速（%）
铁路营业里程	公里	35103	38155	8.0
高速铁路里程	公里	7291	9335	21.9
国家铁路复线里程	公里	16684	19561	14.7
国家铁路电气化里程	公里	23416	26697	12.3
公路通车里程	公里	2038871	2103401	3.1
高速公路里程	公里	47487	53148	10.7
国家高速公路里程	公里	28384	33910	16.3
一级公路里程	公里	33324	37358	10.8
二级公路里程	公里	131346	139532	5.9
等级公路里程	公里	1572929	1647090	4.5
民航运输机场数（已建成的）	个	83	86	3.5
已开通运营的民航运输机场数	个	83	84	1.2
沿海主要规模以上港口码头泊位	个	2932	3116	5.9
沿海万吨级泊位	个	680	730	6.9
内河主要规模以上港口码头泊位	个	16446	17106	3.9
内河万吨级泊位	个	426	434	1.8

续表

指　标	单位	2014年	2015年	增速（%）
内河航道通航里程	公里	92240	92739	0.5
等级航道里程	公里	43676	44426	1.7
三级及以上航道里程	公里	7161	7668	6.6
城市轨道交通运营里程	公里	1423	1665	14.5

数据来源：根据上海、江苏、浙江、安徽、江西、湖北、湖南、重庆、四川、云南、贵州十一个省（市）发展改革委提供数据汇总。

（2）客货运输量情况。2015年，长江经济带地区铁路客运量（不包括江苏省）达10.2亿人，同比增长7.8%；铁路货运量（不包括江苏省）达6.4亿吨，同比下降10.5%。公路客运量（不包括江苏省）为84.8亿人，公路货运量（不包括江苏省）为135.3亿吨。沿海规模以上港口货物吞吐量达25.5亿吨，同比增长2.1%，其中集装箱吞吐量为7792万标准集装箱，同比增长4.4%。内河规模以上港口货物吞吐量达370637万吨，同比增长3.6%，其中集装箱吞吐量为1587万标准集装箱，同比增长9.9%。民航机场旅客吞吐量达42212万人，同比增长10.3%；货邮吞吐量达703万吨，同比增长2.6%。

2015年长江经济带地区客货运量及吞吐量基本情况见表6-26。

表6-26　　2015年长江经济带地区客货运量及吞吐量基本情况

指　标	单位	2014年	2015年	增速（%）
铁路客运量	万人	94118	102025	7.8
公路客运量	万人	909950	847796	——
铁路货运量	万吨	70514	63793	−10.5
公路货运量	万吨	1377587	1352772	——
沿海规模以上港口货物吞吐量	万吨	250040	255299	2.1
集装箱吞吐量	万TEU	7446	7792	4.4
内河规模以上港口货物吞吐量	万吨	357322	370637	3.6
集装箱吞吐量	万TEU	1430	1587	9.9

续表

指 标	单位	2014 年	2015 年	增速（%）
民航机场旅客吞吐量	万人	37887	42212	10.3
民航机场货邮吞吐量	万吨	685	703	2.6

数据来源：根据上海、江苏、浙江、安徽、江西、湖北、湖南、重庆、四川、云南、贵州十一个省（市）发展改革委提供数据汇总，其中铁路、公路客货运量不包括江苏省。

（3）重大交通项目进展及若干典型项目基本情况。2015 年，长江经济带省份铁路新开工项目总计 27 个，建成投产项目总计 21 个；公路（不包括四川省和云南省）新开工项目总计 584 个，建成投产项目总计 539 个；民航机场方面新开工项目总计 14 个，建成投产项目总计 2 个；内河航道方面新开工项目总计 24 个，其中长江干线航道项目 3 个，建成投产项目 12 个，其中长江干线航道项目 1 个；港口方面新开工项目总计 114 个，其中万吨级以上泊位项目 28 个，建成投产项目总计 104 个，其中万吨级以上泊位项目 22 个；城市轨道交通新开工项目总计 23 个，建成投产项目总计 10 个。

2015 年长江经济带重大交通项目基本情况见表 6-27，铁路和民航机场领域重大交通项目名称见表 6-28。

表 6-27 2015 年长江经济带重大交通项目基本情况

交通方式	新开工项目数（个）	建成投产项目数（个）
铁路	27	21
公路	584	539
高速公路	61	71
民航机场	14	2
内河航道	24	12
长江干线航道	3	1
港口	114	104
万吨级以上泊位	28	22
城市轨道交通	23	10

数据来源：根据上海、江苏、浙江、安徽、江西、湖北、湖南、重庆、四川、云南、贵州十一省（市）发展改革委提供数据汇总，公路领域项目不包括四川省和云南省。

表 6-28　2015 年长江经济带铁路和民航机场领域重大交通项目名称

领域	新开工项目	建成投产项目
铁路	商合杭铁路、金台铁路、宁波穿山港区支线、宣杭铁路电气化改造、义乌西货场扩建；渝怀铁路梅江至怀化段增建二线、霞凝货场扩建工程；商合杭、合安、郑阜高铁，芜湖至广德铁路电气化改造，阜阳北站扩能；衢宁铁路；武汉至十堰城际铁路、武汉动车段高级修能力补强工程；徐宿淮盐铁路；川南城际铁路内自泸段、隆黄铁路叙镇段；叙永至毕节铁路、渝怀铁路梅江至怀化段增建二线、瓮安至马场坪铁路；郑万铁路、重庆铁路枢纽东环线；玉溪至磨憨、大理至临沧、弥勒至蒙自和叙永至毕节铁路	金丽温铁路；石长复线、娄邵扩能；合福、宁安高铁，宁西铁路复线；合福铁路、赣龙铁路扩能工程；宁西铁路增建二线、襄阳北编组站增建上行系统；宁安城际铁路；合肥至福州铁路、赣州至龙岩铁路扩能工程；兰渝铁路四川境内段、成渝客专、巴达铁路；沪昆客专贵阳至新晃段、林歹至织金（新店）铁路、织金至纳雍铁路、织金至毕节铁路、贵阳铁路枢纽白云至龙里北联络线；成渝客专、兰渝铁路重庆段
机场	宁波机场三期扩建工程航站楼项目、舟山普陀山机场设备设施更新及改扩建工程、绍兴滨海新城通用机场工程、温州机场货运区和交通综合体工程；浦东国际机场三期扩建工程；邵阳武冈机场、岳阳三荷机场；赣州黄金机场改扩建工程、吉安井冈山机场二期扩建工程；泸州机场迁建、巴中机场、南充机场航站楼改扩建工程；巫山神女峰机场	安吉通用机场工程；泸沽湖机场

资料来源：根据上海、江苏、浙江、安徽、江西、湖北、湖南、重庆、四川、云南、贵州十一个省（市）发展改革委提供的资料汇总。

2015 年，长江经济带长江南京以下 12.5 米深水航道一期工程、十堰武当山机场、成渝客专、阳逻港区三作业区一期工程、泸沽湖机场、遂宁至广安高速公路等重大项目建成投产，不仅对完善长江流域立体交通走廊、推进长江经济带建设具有重要作用，而且对提升区域综合承载力、凸显区位优势、加快城镇化建设、促进区域协调发展和同步全面建成小康社会等，都具有重大意义。同时新开工的长江宜宾至重庆段二级航道整治工程、新干航电枢纽、商合杭高铁、邵阳武冈机场等重大项目，将进一步发挥长江黄金水道的作用，保障和促进长江经济带新一轮开放开发和沿线地区现代产业体系建设。

三、述评

（一）2015 年区域交通发展评析

1. 西部地区成为交通基础设施建设的主战场，投融资模式亟待创新突破

从 2015 年西部地区交通基础设施的发展成就和建设项目的开工情况看，西部地区已经成为我国交通基础设施建设的主战场。但由于西部地区经济发展相对落后，地方政府财政实力较弱，面对大规模的建设任务，加之包括农村公路在内的各种交通扶贫攻坚项目的加快实施，其投融资压力非常巨大，急需进一步创新交通投融资模式，破解资金瓶颈。值得一提的是，目前西部一些省份在运用 PPP 模式发展交通基础设施方面，取得可喜的进展。比如，“十二五”期间，贵州省采用“BOT＋EPC＋政府补贴”模式建设高速公路 1589 公里，吸引企业投资 1770 亿元，超过总投资的四分之一。截至 2015 年年底，贵州高速公路通车总里程将突破 5100 公里，可以说，借助外来资金和先进管理方式对财力并不富裕的贵州省提前实现高速公路建设规划目标，起到了重要作用。

2. 中欧、中亚等西行班列发展速度较快，但发展合力不足

2015 年，开行中欧、中亚等西行班列的城市有了显著增加，常态化运行的班列也有所增多，其中已发展较为成熟的班列货源腹地有所扩大，运量及货值也有了较大幅度的提升，回程班列也出现一些可喜的成绩。然而，各条班线的发展合力还很不够，比如，一些班线的货源腹地存在交叉并由此导致不合理竞争，在协调班列运力、运输费用、通关模式等方面，基本也是各自为战，缺乏合力，特别是在国外铁路运输费用的协议方面，因规模经济效应不足而缺乏议价能力。再者，目前大部分班列开行都存在政府补贴的现象。这些补贴使得各地不断通过价格竞争来争抢货源，一定程度上扭曲了市场机制，并已产生较多不利影响。此外，一些新开行班列的城市过于追求班列直达欧洲地区，但却缺乏货源支撑，而且运费过高。实际上，从运输经济性角度来看，中欧班列作为贸易运输方式的一种补充，适合时效性要求较高的高附加值货物和内陆不临海的地区，其运输距离不宜过长。当然，各地政府有带动当地贸易、产业发展的宏观考虑，也有必要的贸易运输需求量支撑的微观考虑，但不能完全不考虑技术经济的可行性，毕竟市场经济的发展有其客观规律和发展趋势。因此，在开行中欧班列方面，各地方城市应当结合实际需求，科学安排。

3. 京津冀交通一体化进程明显加快，但仍需进一步突破体制障碍

2015 年，京津冀地区在推动交通一体化方面，特别是打造“轨道上的京津冀”，取得了一些重要进展，区域交通一体化和居民出行便利程度得到进一步提升。但不能回避的是，京津冀交通对接仍面临着跨区域部门协调、补贴差异、交通部门与其他部门职能协调等问题，在规划、审批、融资、协同等环节还存在不少体制障碍有待突破。比如，在规划方面，由于规划衔接不畅，密涿高速公路的线位走向经历了多次调整尚未确定；在融资方面，计划近两年内开工的城际轨道交通项目还有很大资金缺口，而统筹铁路建设与沿

线土地开发的融资模式，在具体操作过程中还存在很多困难；在运营协调方面，为实现“公共交通一卡通”，需要建立区域清分结算中心，而各地政府补贴政策不同，对于公交甚至轨道交通的跨省运营还需通盘考虑。事实上，伴随京津冀交通一体化的深入推进，体制机制协调层面的“软件问题”将会比设施衔接的“硬件问题”更加迫切。

4. 长江黄金水道的支撑作用进一步提升，但必须重视生态保护问题

长江黄金水道是长江经济带发展的重要依托，作为一种内河水运设施，长江干线航道的货运潜力在过去 5 年得到很大的挖掘，2015 年长江干线货运量已达到 21.8 亿吨，大大超过同期铁路货运量。沿江地区发展，特别是考虑到当前沿江产业结构现状，生产要素或者资源的水路运输具有低成本的优势，但对于长江经济带的发展而言，切实保护长江生态，加快产业结构调整和优化布局，是更为重要的问题。伴随产业结构的优化，公路、铁路等运输方式在商品运输方面的优势全面发挥。这也正是当下强调构建长江经济带综合立体交通走廊的意义所在。因此，在发展长江经济带综合立体交通走廊的过程中，需要坚持生态优先、绿色发展。

（二）2016 年区域交通发展展望

1. 若干与周边国家交通互联互通项目有望取得重要进展

2015 年 11 月 5 日，国家主席习近平首次对越南进行国事访问期间，与越南领导人共同见证了包括贸易、金融和基础设施建设等领域一系列协议的签署。其中，中越两国将启动从河内至与边

境接壤的老街铁路项目的可行性研究，铁路还将延伸至越南第三大城市海防。据中国驻越大使馆的经济和商业领事办公室透露，该铁路项目长约381公里，投资额约为44亿美元（约合280亿元人民币）。

2015年12月22日，吉尔吉斯斯坦总理萨利耶夫在吉一家公共广播电台发表直播讲话时透露，中吉乌铁路将于2016年动工修建。他表示，中吉乌铁路是“丝绸之路经济带”框架内的重要项目，目前该项目正处于与中国商谈阶段，特别是关于铁路轨距的问题，需要与中国协商一致。

2015年5月，吉林省与蒙古国铁路公司签署了共同编制中蒙“两山”（阿尔山至乔巴山）铁路项目预可研报告的备忘录，由吉林省垫付费用并委托中国铁道第三勘察院展开编制工作。12月21日、22日，“两山”铁路预可研审查会在天津市举行。目前，正着手准备就预可研报告初稿征求蒙方意见。根据该项目预可研报告，“两山”铁路全长476公里，预计总投资142亿元，参照我国一级标准建设，从勘探、设计再到施工，大约需要3年完成。

上述项目的加快推进，将有助于促进“中国—中南半岛”、“中国—中亚—西亚”和“中蒙俄”经济走廊的建设和发展。

2. 中欧、中亚等西行班列仍将加快发展，优化整合有望取得新进展

目前，各条西行班列都制定了2016年的开行计划，根据这些计划，2016年中欧班列的运量规模仍将保持快速增长态势。比如，“渝新欧”班列预计2016年将突破300列，并将进一步完善通关便利措施和分拨模式，尽快实现常态化通邮；汉新欧，将在布列斯特、莫斯科、汉堡设立办事处；郑欧班列计划开行200班，争取开辟郑州至中亚、土耳其、卢森堡等国家和地区的新线路；新疆计划2016

年开行260列西行国际货运班列，其中，新疆至中亚货运班列150列，达到每周稳定开行3列的规模，新疆至俄罗斯货运班列100列，达到每周稳定开行2列的规模，新疆至西亚（伊朗、土耳其）国际货运班列10列，每月开行1列。

此外，各条班列运营主体也积极推动班列资源的优化整合和协调工作。2016年4月15日，全国中欧班列平台联盟在新疆正式成立。作为联盟发起单位，来自新疆、重庆、湖北、陕西、福建等全国多个省份的13家中欧班列主管单位及平台公司，共同发布了《"一带一路"中欧国际货运班列联盟新疆宣言》。根据宣言，联盟将在中欧班列运营主体间建立协调机制，优化中欧班列的运输组织和空间布局，实现各省份中欧班列的合作共赢，为国家统筹优化中欧班列奠定基础。

目前，新疆依托已开通的多条西行国际货运班列，正在打造中欧货运班列集结中心，以加快推进丝绸之路经济带核心区交通枢纽中心和商贸物流中心建设。此次中欧班列新疆集结中心项目总投资约100亿元，将改造10条铁路专用线；同时提升乌鲁木齐北站、乌鲁木齐西站以及八钢铁路场站的运送能力，在原有运能约2500万吨的基础上，改造提升至1亿吨。通过整合提升区域公路、铁路资源和线路优势，依托八钢铁路场站，建设中亚班列集结中心；依托西站建设中欧快销品班列集结中心；依托北站建设中欧大宗品班列集结中心。2016年，新疆计划基本建成全国中亚班列新疆集结中心，初步建成全国中俄班列集结中心。

3. 京津冀地区将迎来城际轨道交通建设高潮

根据当前京津冀地区交通一体化项目的进展情况，京唐城际、京滨城际、京张城际、廊涿城际、首都机场到北京新机场城际铁路联络线等一批城际轨道交通项目预计将于 2016 年内开工。其中，京唐城际铁路全线里程约 153 公里，暂设通州站（新北京东站）、燕郊站、大厂站、香河站、宝坻站、鸦鸿桥站及唐山站等 7 个车站（另预留一座车站），设计最高时速 350 公里；京滨城际线路全长 180 公里，途径宝坻、天津机场等重要发展地区；京张城际全线长约 174 千米，全线设北京北站、清河站、沙河站、昌平站、八达岭站、东花园北站、怀来站、下花园站、宣化北站、张家口南站等 10 座车站，项目估算投资 300 亿元，该项目于 2015 年 11 月 2 日由国家发展改革委正式批复可行性研究报告；廊涿城际全长约 130 公里，起自京唐城际香河站，经天津武清、河北廊坊市、北京新机场、固安县，至涿州终点；首都机场到北京新机场城际铁路联络线（S6 线）全长约 84 公里，计划设站 16 座。

4. 长江经济带综合立体走廊建设更加注重生态绿色发展、城市群交通以及与“一带一路”建设战略的衔接

2016 年 1 月 5 日，国家主席习近平在重庆主持召开的推动长江经济带发展座谈会上明确表示，当前和今后相当长一个时期，要把修复长江生态环境摆在压倒性位置，共抓大保护，不搞大开发。习近平强调，把推动新型城镇化作为重要抓手，加强与“一带一路”战略衔接互动，培育长江经济带全方位对外开放新优势。2016 年 3 月 25 日，中共中央政治局召开会议审议《长江经济带发展规划纲要》时指出，长江经济带发展的战略定位必须坚持生态优先、绿色发展，共抓大保护，不搞大开发，要贯彻落实供给侧结构性改革决策部署，在改革创新和发展新动能上做“加法”，在淘汰落后过剩产能上做“减法”，走出一条绿色低碳循环发展的道路。

为了促进长江经济带发展有关规划的衔接协调，国家发展改革委正抓紧编制出台一批专项规划，形成各项规划相互衔接、有机统一的规划体系，更好发挥规划引领作用。其中，完成编制《成渝城市群发展规划》、《长江三角洲城市群发展规划》。长江岸线保护和开发利用总体规划、长江经济带生态环境保护规划等专项规划也在抓紧编制中。这些专项规划的形成和实施，将有助于促进长江经济带的立体交通走廊建设进一步加强城市群交通建设和强化生态保护，实现交通一体发展和绿色发展。

Chapter 07

第七章

发展展望

一、2016 年交通运输发展形势

2016 年是全面建成小康社会决胜阶段的开局之年。面对全球经济回暖乏力和国内供给侧结构性改革深入推进的影响，交通运输业传统领域的生产和投资增速放缓态势仍将延续，进而寻求新的投资领域和发展动能的步伐将有所加快。

（一）需求格局难有大改观，运量增长可能逐步企稳

运输需求的增长速度与 GDP 具有较强的关联性，在经济增速继

续放缓的大背景下，基于 2015 年运量特征，运输需求增长发生转变的概率很小。预计 2016 年全社会客货运量增长将趋于平稳，初步估计，2016 年全社会客运量增速比 2015 年有所回升，呈现降幅收窄的特征。全社会货运量（不含管道）增速下滑趋势将得到一定程度改观，主要原因是居于重要地位的大宗货物运输在持续下降后，总量将趋于稳定；同时，运输的结构性调整依然持续，快递、高速铁路客运等运输服务的增速也会趋于平缓。

（二）建设资金筹措困难，交通投资增速逐步放缓

由于运输需求不振，地方政府投资能力不足，再加上交通战略性投资需要加强，使得既有投融资方式下的交通运输筹资能力下降，2016 年交通建设投资增速可能放缓。根据既有规划及项目实施情况，如果没有实质性的投融资创新和改革措施跟进，预计 2016 年铁、公、水、航总体建设投资增速将比 2015 年略有下降，要维系 2015 年的投资增长水平，大致需要填补2000亿元左右的缺口，数量虽不大，难度却不小。

（三）新投资领域可能接力，交通发展格局可望出新

在国家“三大战略”加快实施，以及交通运输补短板、提质量、增效益的既有政策推动下，2016 年交通基础设施和运输服务在五个大的方面将得到加强。一是“一带一路”建设下国际国内通道继续发力，交通“走出去”得到亚洲基础设施投资银行的机制性保障，将加快培育交通运输新的增长点，形成国际国内呼应发展的新格局。二是京津冀协同发展启动城市群内部轨道交通为代表的城际交通发

展，将在城市间协同机制的保障下步入快车道。三是长江经济带发展下的综合立体交通走廊建设在中西部产业布局、运输系统性需求扩张的拉动下，将继续发力。四是保障“三大战略”实施的高速公路发展战略思路的调整，将带来基于地方现实需求的高速公路的快速发展。五是各个层级的交通运输网络一体化发展需求增强，势必带来各个层次的综合交通枢纽建设的提速。

（四）新需求类型不断涌现，提升服务供给将成重点

伴随着居民收入的不断提高，旅客出行对便捷、快速、舒适、安全的要求日益增加；全球竞争的进一步加剧，制造商贸企业对运输物流的低成本、高效率、一站式、全过程要求进一步加强，个性化、多样化、高端化的新型客货运输需求不断涌现、规模不断扩大。面对新型需求，优化提升运输服务供给水平，创新交通运输服务组织模式将成为重点方向。比如，面向旅游需求的邮轮游艇运输，面向低空飞行的通用航空运输，面向城市特定群体的定制公交班车和预约专车，面向电子商务的高铁快递和航空快递，面向跨境电商的跨境物流，面向国际联运的铁路国际集装箱班列等，均将取得不同程度的发展。此外，新服务具有新特点，对创新政府管理方式，多部门、多区域、多方式、多环节协同推进提出了新要求。

二、“十三五”交通运输发展方向

“十三五”承上启下，既是全面建成小康社会的决战期，也是向

社会主义现代化国家迈进的预热期。面对时代要求，更好发挥交通运输在实现“两个一百年”奋斗目标中的支撑和引领作用，交通运输将朝着新的方向加快发展。

（一）着力补齐短板，为全面建成小康社会提供支撑

1. 更加注重消除交通瓶颈环节

当前，交通运输与全面小康要求相比还存在一些差距。在基础设施方面，虽然供给总量基本适应，但补齐短板、强化衔接、消除瓶颈、优化网络等结构性不足问题日渐凸显。在运输服务方面，消费结构升级将产生新需求，轻质化、高附加值、一体化的货运供给不足，快捷化、个性化、一站式的客运服务供给缺口较大。在运输装备方面，与绿色发展的新要求相比，运输装备仍有较大改进提升空间，尤其是智能化、标准化水平亟待提升。“十三五”时期，必须更加注重消除交通运输发展的瓶颈环节。在基础设施领域，补齐西部地区、贫困地区、城市群内部、城市出入口以及综合枢纽等方面的交通短板，加快完善综合交通基础设施网络，加快推进交通运输基本公共服务均等化，提高网络化水平和运行效率。在运输服务领域，更加注重提升运输服务品质，增加高品质、快捷化、差异化、定制化、经济型的客运服务供给，扩大更加经济、高效的多式联运货运服务供给，更好适应运输需求新变化。在技术装备领域，更加注重运输装备提档升级，改造提升传统比较优势，提高运输装备的现代化水平，推进货运车型、船型及多式联运等装备设施标准化，积极发展新能源和清洁能源运输装备，引导高端化、智能化的先进运输装备推广应用。

2. 更加注重交通扶贫脱贫攻坚

全面建成小康社会，最艰巨最繁重的任务在农村，最突出的短板在贫困地区。“十三五”期间，补齐贫困地区交通运输发展“短板”，为贫困地区与全国同步全面建成小康社会提供交通运输保障，是交通运输行业的第一民生工程。要精准发力，在规划范围上更加精准，确保集中连片特困地区、国贫县、革命老区、少数民族县、边境县全部纳入交通扶贫脱贫规划，做到“一个也不能少”；在工作重点上更加精准，突出重点建好“幸福小康路”、“康庄大道路”、“特色致富路”、“对外开放路”；在工作方式上更加精准，不断创新交通扶贫脱贫理念、投资政策、工作机制、服务标准和建设模式。

（二）率先推进交通现代化，为国家现代化当好先行

1. 推进设施布局网络化

按照不同空间尺度要求，推进交通基础设施布局。一是建设广覆盖集散交通网，完善城市公共交通体系。二是抓好重点基础设施建设，构建高品质快速交通网，加快形成城镇化地区综合交通体系。三是完善高效率干线交通网，提升货运线路通行能力和专业化服务水平。四是强化支撑区域协调发展的交通基础设施建设，推进京津冀交通一体化，高起点建设长江经济带综合立体交通走廊。五是在“五纵五横”综合运输大通道基础上，着力打造横贯东西、纵贯南北、内畅外联的国际陆路运输通道、干支水路运输通道、国际海上运输通道、覆盖全球的航空服务网络，合理布局综合交通枢纽节点（城市）。六是促进基础设施有效衔接，加快内河航道和港口集疏运体系建设，强化枢纽建设，加强铁路、公路、水运、民航

协调衔接，打通基础设施有效衔接的“最后一公里”。

2. 推进运输服务多样化

客运方面，一是扩大基本运输服务通达度和覆盖面，大力提升公共交通出行分担率，有条件的建制村全部通班车，保障陆岛运输，推动航空出行大众化，所有建制村直接通邮，基本运输服务使出行更方便、价格可承受。二是推进各种运输方式“零距离”换乘，让各种运输方式的比较优势充分发挥，使出行更高效。三是积极发展汽车租赁、通用航空、邮轮和游艇业，加大与制造业、旅游业等联动发展，高品质、多样化运输服务使出行更舒适。

货运方面，一是大力发展多式联运，加快物流大通道建设，加强货运枢纽（物流园区）和集疏运体系建设，推动运载工具、转运装备标准化和信息规则流程票制的标准统一，推进甩挂运输全面发展，促进铁水联运、江海联运升级发展。二是统筹城乡配送协调发展，健全城乡物流网络。三是深入发展第三方物流，不断提升货运效率，降低货运成本。

城市交通方面，建立适应我国国情的城市和城市群交通运输发展模式，落实公交优先发展战略，构筑大容量快速城市公交系统和城市公交优先通行网络，深化出租汽车改革，完善多层次城市客运服务系统。

3. 推进治理能力现代化

加快建设形成交通运输领域基础性制度体系，推进治理能力现代化。一是全面深化改革，把完善综合交通运输管理体制与运行机制、促进综合交通运输融合发展与协同发展作为改革主攻方向，支持鼓励省级交通运输“大部制”改革。二是继续深化投融资体制改革，推进政府与社会资本合作（PPP）模式。三是继续深化行政审批制度改革，提高放权“含金量”，增强监管有效性，突出服务主动性，加强诚信体系建设，营造公平竞争的市场环境。四是全面推进法治建设，加快形成完备的综合交通运输法治制度体系、高效的交通运输法治实施体系、严密的交通运输法治监督体系、有力的交通运输法治保障体系，建设职能科学、权责法定、执法严明、公开公正、廉洁高效、守法诚信的交通运输法治政府部门。

4. 推进发展模式绿色化

把生态文明建设融入交通运输发展的各方面和全过程。一是大力推进结构性、技术性和管理性节能减排，加大新技术新能源应用。二是大力推进生态保护，建设生态型基础设施，落实行业大气污染、水污染防治任务。三是大力推进资源全面节约和高效利用，推行适应节约土地要求的工程技术，提升土地和岸线等资源利用效率。四是大力推进管理能力建设，加强交通运输节能环保管理与统计监测。

REPORT ON
TRANSPORTATION
DEVELOPMENT IN CHINA

2016

第三部分

交通运输重大问题研究

Chapter 08

第八章 重要课题摘要

2015年，国际国内环境错综复杂，全球经济在深度调整中曲折复苏，我国经济发展进入新常态，交通运输发展环境面临深刻变化。根据新形势、新要求，围绕供给侧结构性改革，以“十三五”综合交通运输发展为重点，有针对性地开展了相关课题研究。

一、“十三五”交通运输面临形势研究

“十三五”时期是实现中国第一个百年目标的重要战略机遇期与转折期，是中国经济崛起并走向强盛的关键阶段，必须准确理解和

把握中国经济与社会发展趋势，深度剖析交通运输发展面临的新要求和新挑战，充分发挥交通运输在实现中华民族伟大复兴进程中的支撑作用，推动综合交通体系发展开创新的格局。课题从“国家—民生—世界”的三重维度归纳总结经济社会环境对交通运输的总体要求，归纳总结交通运输在中国经济走出去与“一带一路”建设、中国制造业的提质增效升级、服务与引领世界级城市群发展、公民对获得发展机会和改善生活品质的期待、开放环境下运营服务的规模化和高端化提升、交通运输与互联网、信息科技融合、投资与信贷政策调整、土地与环境的硬约束、地方政府角色的新定位、国防安全与公共安全等方面面临的十大挑战，提出以优化结构、提质增效为发展主线，以综合一体、监管有序的管理模式为改革方向，以资源集约、低碳绿色的交通模式为发展理念，以多元高效、和谐共享的供给机制为动力保障，以科技创新、信息智能的技术体系为平台支撑，以公平公开、竞争有序的市场机制为基础手段的总体发展思路。提出转变发展的八大重大任务，即：由适应国内需求向世界强国的交通体系转变，由通道建设向网络完善与优化转变，由区际交通向城市群和城市内交通转变，由设施建设向服务提升转变，由分方式建设向多方式协同转变，由区隔市场向融合统一市场转变，由重点解决机动性向鼓励集约、低碳和绿色出行转变，由传统交通管理模式向基于互联网的信息化管理模式转变。

二、“十三五”交通运输发展思路研究

为编制五年综合交通运输体系规划做好前期知识储备，开展了“十三五”交通运输发展思路课题研究。课题分别从取得成就与存在

问题、发展环境与要求、指导思想与基本原则、发展思路与目标、发展任务、重大工程和政策措施等方面开展研究。提出“十三五”时期综合交通运输发展的总体思路是坚持以完善中国特色社会主义市场经济体制为发展总统领，统筹发展与改革、政府与市场、国内与国际的关系，兼顾现实需求和战略需求，深入推进交通发展方式转变，实现各种运输方式优化布局、区域交通协调均衡、城乡基本交通公共服务总体满足，对外通道互联互通，形成网络设施配套衔接、运输服务安全高效、技术装备先进适用的现代化综合交通运输体系，提高交通运输的经济、社会和环境综合可持续发展能力。明确到 2020 年，综合交通运输网络框架基本形成，一体化运输服务能力显著提升，主要交通技术装备达到世界先进水平，交通安全形势总体平稳，应急保障能力大幅增强，节能减排取得实质性进展。

三、城镇化地区综合交通网规划研究

交通是经济社会发展的基础和纽带，对城镇化地区的形成和发展具有重要的支撑和引导作用。随着我国经济社会和城镇化的快速推进，目前已基本形成了约 20 个初具规模的城镇化地区。近十年来，覆盖 20 个城镇化地区的综合交通网发展成绩显著，干线通道基本贯通、城际通道差异明显、服务水平显著提升，但存在交通网络尚不完善、运输服务水平偏低、体制机制尚未理顺等问题。针对城镇化地区及交通发展概况，课题组提出未来我国城镇化地区交通发展的指导思想是建设城镇化地区内部以轨道交通和高速公路为骨干，以普通公路为基础，有效衔接大中小城市和小城镇的多层次、快速交通运输网络，优化结构，提升一体化运输服务水平，有效支撑和引导城镇化发展。建设过程中应坚持安全可靠、层次清晰、结构优化、方便快捷、经济适用、集约高效的基本原则。至2020年，实现相邻城镇化地区核心城市之间3～5小时通达，城镇化地区内部核心城市与节点城市以及相邻节点城市之间1～4小时通达的阶段性目标。到2030年，实现城际铁路、市郊铁路各达到4万公里的规模，城镇化地区内轨道交通在居民出行中居于主导地位的远期目标。课题分别从城镇化地区间综合运输通道、城镇化地区内部综合交通网两个层次进行规划，在分析城镇化地区各类需求特征的基础上，提出城镇化地区城际交通网络在城镇化地区主通道、中心城市都市圈和城镇化地区交通基础网络三个层面的具体规划内容。同时，从保障城镇化地区综合交通网科学规划、健康发展的角度，需要在综合交通运输体系发展政策总体框架下，制定具有针对性和可操作性的发展政策，形成相对完整、独立的城镇化地区综合交通发展政策框架。

四、发展低碳交通的措施和建议研究

交通运输行业是能源消耗型行业，也是节能减排的重点行业之一。为引导和促进我国交通运输业实现低碳发展，开展本课题研究。课题在对我国交通运输业碳排放现状评价、发展低碳交通内在要求、典型国家发展低碳交通的经验总结和我国发展低碳交通现行政策措施的基础上，提出我国发展低碳交通的措施和建议。主要结论包括：一要完善低碳交通战略规划，编制国家低碳交通发展总体战略规划，推进低碳化的综合交通运输体系建设；二要优化交通运输结构，提高交通基础设施总规模，提高低碳运输方式比例，提高各运输方式内低碳设施比例，提高建设过程的低碳技术应用；三要提升运输系统效率，提高运输工具使用、保养水平，合理安排运输线路，优化运力调配，提高实载率，大力发展现代物流业，推进运输专业化进程，推进交通运输业信息化建设，利用现代信息手段组织交通运输，加强交通秩序管理，实现交通运行顺畅；四要加强低碳交通监管，出台扶持低碳交通发展的政策法规，设定低碳交通发展的减排目标，制定交通运输行业的碳排放标准；五要促进交通技术进步，促进运输装备技术进步，更新改造老旧设备，推广节能设备，降低交通系统整体排放；六要深化财政扶持和激励机制，发挥财政资金导向和税收杠杆的功能，其他金融手段补充，为低碳交通发展提供多种资金渠道，重视宣传贯彻，强化低碳交通发展意识。

五、交通投融资——政企合作（PPP）研究

长期以来，我国交通领域已经形成以国有企业或地方政府融资平台为主、其他资本为辅，以债务融资为主、股权融资为辅的投融资体系，有效促进了交通运输事业的快速发展。但同时，也存在投资主体和投资模式单一、对政府依赖过强、交通投融资资金缺口日益增大、交通债务负担沉重、还本付息机制运转困难等问题。为此，早在 20 世纪 90 年代，我国就开始在交通领域积极引入 PPP 模式（政府与社会资本合作）。随着改革开放步伐的加快，PPP 适用范围不断扩展，社会资本合作伙伴由外资为主转向内外资并举，所采取的模式也由特许经营为主向企业参股、投资补贴、运营补贴等多种方式扩展，从而有力地支持了交通运输业的发展。但在实际工作中，也普遍存在由用户付费的特许经营模式无法适应未来交通发展的需

要，社会信用体系不完善、政府与企业间互不信任，金融制度不能适应交通项目融资的要求以及必要的投资补偿机制不健全，政府职责不清及与企业合作缺乏积极性等问题，一定程度上制约着 PPP 在交通领域的进一步推广与应用。针对当前交通运输领域实行 PPP 中存在的问题，为更好地发挥交通基础设施对我国工业化、城镇化的引导和带动作用，应该遵循以下推进思路：要充分发挥市场在资源配置中的决定性作用，加快交通运输管理体制改革，打破行业垄断，完善交通运输现代市场体系。在此基础上，政府要坚持物有所值原则，科学比较 PPP 模式与传统财政供给模式之间的成本效益，选择适当的项目实施 PPP。要根据项目自身特点，在政府与社会资本之间合理分配项目风险，科学设计项目补偿机制，确保社会资本获得合理的投资回报。要抓紧完善项目操作流程和审批程序，健全财税、金融支持政策，建立政府基于合同的项目监管体系，强化行业监管，建立有利于 PPP 项目运作的管理制度与政策环境，努力调动社会资本参与交通 PPP 的积极性。

六、社会资本投资铁路建设政策研究

为保持铁路持续健康发展的良好势头，十八届三中全会提出“使市场在资源配置中起决定性作用和更好发挥政府作用”，以激活社会资本为重点的投融资体制改革不断取得新突破。但社会资本投资铁路仍面临铁路行业整体收益不高，投资风险较大；项目法人治理结构不健全，投资人权益难保障；办理国铁接轨程序复杂；协调难度大，无法享受国铁同等配套条件；融资困难等问题。课题充分借鉴发达国家铁路投融资改革经验，对日本、德国、法国、英国、美国和俄罗斯等国家铁路投融资改革的过程与实践进行了深入研究，系统梳理了各国在立法、运价、补贴、土地、贷款、税收等政策方面的支持措施，以及路权监管、运输安全监管等监管制度。为扩大社会资本投资渠道，通过理论与案例分析相结合的方法，开展社会资本投资铁路的模式研究，并提出提高项目收益、保障投资人合法权益、改善国铁配套服务、加大金融支持力度、完善实施机制等方面的意见和建议。

七、适应新型城镇化建设的城市轨道交通发展研究

“十二五”期间我国城市轨道交通取得了较大的发展成就，但也存在城市轨道交通总量不足，城市轨道交通发展模式不合理，各种交通方式缺乏统筹，投融资模式单一，标准、人才和安全管理等保障水平有待提升，难以适应新型城镇化发展要求等问题。根据经济发展形势、新型城镇化深入推进和综合交通体系发展阶段综合判断，城市轨道交通在今后一段时期内仍是我国大城市发展的重点，并将保持快速发展。“十三五”时期城市轨道交通发展总体目标为：到2020年，有序推进市域、市区多层次、一体化的城市轨道交通网络建设，服务优质、便捷高效、安全可靠、节能环保的城市轨道交通体系基本建成，充分发挥城市轨道交通在城市公共交通中的骨干作用，大力提升城市综合交通体系整体效率，进一步加强城市轨道交通对新型城镇化的引导和支撑作用。具体目标为：对于城区常住人口500万以上的特大、超大城市，构建轨道主导型公交都市，优化完善既有网络并建立体系和功能完善、多层次、一体化、高品质城市轨道交通系统；对于城区常住人口300万～500万的Ⅰ型大城市，

构建以轨道交通为骨干的公交都市，城市轨道交通骨干网络初步建成。对于城区常住人口达到 100 万～300 万之间的 II 型大城市，构建主客流走廊的城市轨道交通骨架。因地制宜发展地面或高架城市轨道交通系统。同时在完善和规范城市轨道交通行政审批管理、修订完善城市轨道交通发展条件、完善城市轨道交通规划管理工作、拓宽城市轨道交通投融资渠道、完善城市轨道交通沿线土地综合开发政策、提高城市轨道交通装备自主化水平、加强城市轨道交通人才储备和培养等方面提出相关政策建议。

八、促进集装箱铁水联运的政策研究

集装箱铁水联运具有高效、安全、绿色等突出优势，是国际上多式联运的重要模式。目前，我国初步形成了具有一定规模的八大集装箱铁水联运通道，但仍存在运输价格缺乏比较优势、联运基础设施薄弱、标准和规则方面有待统一、经营模式有待进一步完善、地方政府扶持政策难以落地等问题。通过从运营主体多元化、运行组织多样化、政策手段引导、政府资金补助等方面总结欧盟和美国在发展集装箱铁水联运上的主要经验，研究提出了支持我国集装箱铁水联运发展的对策和措施：一是加强集装箱铁水联运基础设施高效衔接；二是加快扩大我国铁路基础设施和设备的能力；三是引导港航企业积极参与铁水联运运营；四是加强港口、航运企业、代理企业、铁路公司信息互联互通；五是加强标准、规则方面的对接；六是统一多式联运单证体系；七是引导各种运输方式充分发挥比较优势。

九、铁路中长期发展研究

铁路是重要的交通基础设施，是国民经济发展的大动脉，在国家经济社会发展中具有举足轻重的地位。加快铁路现代化建设，对落实国家新型城镇化战略、支撑经济社会可持续发展、促进区域统筹协调具有重大意义。在2008年批复的《中长期铁路网规划》调整规划指导下，我国铁路发展取得了长足进步。2015年年末，全国铁路营业里程达到12.1万公里，提前5年完成原中长期规划目标(2020年)，亟须开展下一步发展的规划研究，以指导我国铁路更好更快地发展。研究通过对全国及东、中、西及东北不同地区社会经济、城镇化、综合交通及铁路建设、运营情况的分析，结合典型地区调研，采取数理统计、GIS分析、大数据等技术手段，定性与定量相结合，分析新常态下我国铁路与经济社会发展的适应性、存在的主要问题，以及面临的发展形势；同时基于交通运输与国民经济关联，交通、产业、空间三要素协同发展等理论，对比国际发展经验，将理论与实践相结合，提出中长期及“十三五”铁路发展总体思路、发展目标、重点任务、重点项目，以及铁路投融资、运营管理、服务模式改革、技术装备及支撑体系改革等方面的政策措施，为“十三五”及以后铁路发展奠定基础。同时，课题还研究了铁路在“四大板块”地区的运输特征、网络布局，及在服务“一带一路”建设、京津冀协同发展、长江经济带发展“三大战略”中的地位、作用和发展要求等，以支撑国家新型城镇化及“四大板块”、“三大战略”可持续发展。同时还提出了我国主要国际铁路通道的功能要求、线路布局等，构建与周边国家、欧亚大陆之间互联互通的国际铁路运输通道，推动对外经济贸易发展，支持国家参与全球合作与竞争。

十、城市市郊铁路发展研究

随着新型城市化深入推进，交通拥堵成为各大城市比较棘手的问题。以城市轨道交通为骨干的公共交通体系成为大城市缓解交通拥堵的首选。近年来，国内部分特大城市和都市经济区在建设城际铁路、市域快线和市郊铁路等方面开展了一些工作。然而，目前除城市轨道交通和国铁外，城际铁路、市域快线和市郊铁路等在技术政策、建设标准、系统制式等方面的研究还比较薄弱，一定程度上阻碍了其发展。本课题探讨了市郊铁路的定义及功能定位，认为市域铁路与市郊铁路从本质来说并没有很大的区别，均是指为中心城与新城之间，以及新城与新城之间的通勤、通学、商务、公务、旅游、休闲、购物等客流服务的国铁制式的轨道交通系统。市郊铁路发展要做好如下工作：一是突出支撑和引领城市发展基本要求。遵循政府引导与市场配置相结合及盘活存量资源缓解城市拥堵的基本原则，以城市为主体推动市郊铁路发展。二是发挥铁路部门优势。进一步推动铁路开放资源，摸清既有铁路存量资源，做好铁路与城市发展统筹衔接，推进铁路与城市轨道互联互通。三是完善政府支持环境。建立市郊铁路运作平台，明确市郊铁路责任主体，创新市郊铁路合作模式，加快市郊铁路推进速度。四是形成切实可行的保障措施。加强规划引导，构建大都市和中小城市密集地区多层次铁路与轨道规划体系，编制市郊铁路站场及周边地区改建规划，做好项目遴选和公布。五是做好制定宏观发展政策和完善相关法规规章等相关工作。

十一、我国公路管理体制改革前期研究

公路事权划分是履行公路支出责任的根本依据，是公路管理体制构建的基本依据。长期以来，以地方政府为主的公路管理体制在促进公路发展中发挥重要作用，但仍存在事权划分不清晰、主体责任不明确、事权和财权不统一、机构设置不合理等问题。课题从中央和地方各级政府、政府和市场两个维度开展研究，梳理我国公路行政等级、交通运输主管部门和公路管理机构设置和事权划分现状，分析高速公路、普通国省道、农村公路等建设、养护管理体制现状，以及公路专项资金使用管理办法，研究我国现行公路管理体制存在的问题，借鉴发达国家的公路管理体制和主要经验，提出我国公路管理体制改革的目的和重点，梳理不同层次公路的建设、养护资金主要来源，预测公路专项资金的保障情况，研究建立事权、财权和职权相匹配的高速公路、普通国省道、农村公路的管理体制机制，并从财税体制及管理经费、法律法规、机构编制以及人员分流、公路养护工程市场化等方面提出实施保障措施。

十二、普通国道发展政策研究

普通国道是国家公路网和综合运输体系的重要组成，担负着全面连接县级及以上行政区、交通枢纽、边境口岸和国防设施的全国性、区域性干线功能。根据《国家公路网规划（2013—2030 年）》，普通国

道网将主要提供普遍的、非收费的交通基本公共服务。目前，普通国道的建设、养护资金主要来自国家车购税的补助资金和取代养路费的燃油税地方切块资金，资金缺口很大，特别是成品油价格和税费改革以及取消政府还贷二级公路收费、清理地方政府融资平台公司以后，在推进普通国道的建设、养护管理方面，地方政府面临着巨大的筹融资压力。为了实现国家公路网规划目标，按期有序地加快普通国道建设和升级改造，改善提高中小城市和小城镇与交通干线、交通枢纽城市的连接，提供非收费公路的出行选择，为全面建成小康社会和促进城镇化发展奠定良好基础，需要在《国务院办公厅转发发展改革委、财政部、交通运输部关于进一步完善投融资政策促进普通公路持续健康发展若干意见的通知》（国办发〔2011〕22 号）的基础上，进一步研究相关的具体细化政策，对普通国道建设和养护的事权划分、投融资机制和政策、专项资金保障、多方式筹融资和债务偿还等相关问题和政策措施进行系统性的研究。研究认为：国家高速公路网已基本成型，普通国道建设任务重，而普通国道既是国家公路网的重要基础，同时也在局部承担重要干线功能，未来需要建立以公共财政为主的普通公路发展资金保障体系，加快明确国家公路事权，落实支出责任和资金来源保障，降低车购税资金用于高速公路的比例，提高用于普通国道的比例，中央与地方要加大对普通国道支出责任的财政资金保障等，研究提出具体建议，为制定和出台相应的政策提供研究基础。

十三、新时期我国农村公路发展问题及政策研究

农村公路是我国公路网的重要组成部分，是直接服务于广大农民群众和支撑引导农村经济社会发展的公益性基础设施之一。改革

开放以来的农村公路建设和发展，为改善农村面貌，繁荣农村经济，推进新型城镇化和社会主义新农村建设，增强农村自我发展能力，促进农村居民持续增收，在缩小城乡差距、推动城乡一体化，建设农村公共服务体系、推动基本公共服务均等化等方面发挥了重要作用。“十三五”时期是我国扶贫攻坚、全面建成小康社会的关键时期，是社会主义新农村建设深入推进和新型城镇化、农业现代化发展的重要时期，也是我国公路网和现代综合交通运输体系基本构建成型的重要建设期。虽然目前我国农村公路有了很大的发展和改善，但相对于干线公路的发展还是滞后，在许多地区还不能适应农村经济社会发展的需要。目前我国西部地区尤其是集中连片特殊困难地区的农村通畅工程建设任务仍然繁重；东、中部地区在完成基本通达通畅任务后，随着城镇化、农业现代化的加快推进，对农村公路的质量、网络化、通达深度、安全保障等提出了新的要求。同时，农村公路的养护管理和老路改造提级任务越来越重，5～10 年前修建的大量农村公路逐步到了翻新改造时期，其提质增效升级是下一步的主要需求。课题首先梳理了当前我国农村公路的发展现状和存在问题，根据国家经济社会发展的新形势、新要求以及农村公路新的需求特征，系统地研究了下一时期我国农村公路的发展思路和不同地区的发展重点，同时结合国家深化财税体制改革、全国公路建设重点和车购税资金分配比例调整等，提出未来我国农村公路发展相应的对策措施与政策建议，并为“十三五”时期我国综合交通运输发展规划研究提供了关于农村公路部分的内容作为参考。

十四、交通运输结构变动规律和发展趋势研究

本课题基于交通运输与经济社会发展关系，重点研究交通运输

方式结构和空间结构。方式结构主要从需求侧和供给侧两个视角展开研究，空间结构分析主要涉及三大地带、四大板块和胡焕庸线两侧区域。报告采取实证分析与理论研究相结合、定性分析与量化分析相结合、宏观研究与对比分析相结合的研究方法，探讨了发达国家交通运输结构演变的历程和一般规律，分析了我国交通运输结构演化历程、存在的问题和未来发展趋势。基于经济发展新常态和国家战略的新要求，贯彻十八届五中全会的新理念，提出了“十三五”乃至更长时期我国交通运输结构优化的基本要求和政策建议。具体包括：创新交通运输投融资机制，促进交通投资结构调整；推进运价市场化改革，促进各种运输方式合理分工；大力实施交通技术创新政策，推进交通运输结构升级；积极推进综合交通枢纽建设，大力发展多式联运；加强对交通基础设施建设，增强对国家重大战略的支撑；大力发展资源节约型运输方式，推进绿色交通建设。

十五、我国春运有关问题研究

“春运”一般指以春节为界，节前节后共 40 天，由相关管理部门进行专门运输安排的全国性交通运输高峰。春运蕴含了我国独特的民俗民风，涉及广泛的社会群体与多种需求，已不仅仅是一项规模庞大的运输任务，而是牵动政府和全国人民的重大政治任务。课题从春运客流历史分析、春运组织管理现状、春运客流演变趋势分析、未来春运工作的思路转变和完善春运工作的政策建议等方面展开研究，提出围绕“一个中心、两个转变、三个统筹、四个重点、五个协调”的基本思路开展春运工作。“一个中心”即围绕“服务供给有效适应多元化春运需求”这一中心，经济高效配置各类资源，进一步提升春运组织效率水平。“两个转变”是春运组织管理从全力保障供给规模的紧迫要求中解脱出来，转向更加重视服务品质和效率，既解决“走得了”，又实现“走得好”；转变被动保障供给的传统思路，协同社会各方力量，解决经济、社会、文化、制度等春运需求产生的源头问题，建立长效、系统的春运组织管理制度，化解供需长期矛盾。“三个统筹”是统筹基础设施、技术装备与运输服务的协调、综合发展。“四个重点”是着力解决跨区域旅客运输、推进各运输方式在城际客运中的合理分工、兼顾保障基本和满足多元化的城乡客运需求、依托城市交通系统做好城市与对外交通衔接等四项工作。“五个协调”是指方式协调、部门协调、政市协调、资源协调和内外协调。

REPORT ON

TRANSPORTATION

DEVELOPMENT IN CHINA

2016

第四部分

附　　录

附录一

主要统计数据

附表 1-1　　“十二五”时期我国主要交通基础设施线路里程

单位：万公里

指　标	2011 年	2012 年	2013 年	2014 年	2015 年
合　计	440.75	455.17	468.37	480.77	494.53
铁路营业里程	9.3	9.8	10.3	11.2	12.1
复线里程	3.9	4.4	4.8	5.7	6.4
电气化里程	4.6	5.1	5.6	6.5	7.4
公路里程	410.6	423.8	435.6	446.4	457.73
等级公路里程	345.4	361.0	375.6	390.1	404.63
高速公路里程	8.49	9.62	10.44	11.19	12.35
内河航道里程	12.46	12.5	12.59	12.63	12.7
内河等级航道里程	6.26	6.37	6.49	6.54	6.63
三级及以上航道	0.95	0.99	1.02	1.09	1.15
管道里程	8.3	9.2	9.9	10.6	11.2

数据来源：2011—2014 年数据来自国家统计局网站，2015 年数据来自 2015 年交通运输行业发展统计公报，2015 年管道里程数据来自国家能源局。

附表 1-2　　“十二五”时期港口生产泊位情况

单位：个

指　标	2011 年	2012 年	2013 年	2014 年	2015 年
全国港口拥有生产用码头泊位	31968	31862	31760	31705	31259
沿海	5532	5623	5675	5834	5899
内河	24636	26239	26085	25871	25360
全国港口拥有万吨级及以上泊位	1762	1886	2001	2110	2221
沿海	1422	1517	1607	1704	1807
内河	340	369	394	406	414

数据来源：2011、2012 年数据来自公路水路交通运输行业发展统计公报，2013—2015 年数据来自交通运输行业发展统计公报。

附表 1-3　　“十二五”时期民航网络与机场情况

指　标	2011 年	2012 年	2013 年	2014 年	2015 年
民用航空航线数（条）	2290	2457	2876	3142	3326
国际航线数（条）	443	381	427	490	660
国内航线数（条）	1847	2076	2449	2652	2666
定期航班航线里程（万公里）	349.1	328.0	410.6	463.7	531.7
国际航线线路长度（万公里）	149.4	128.5	150.3	176.7	239.4
国内航线线路长度（万公里）	199.6	199.5	260.3	287.0	292.3
民用航班运输机场数（个）	178	180	190	202	210

数据来源：2011—2014 年航线和民用航班运输机场数来自国家统计局网站，2015 年数据来自 2015 年民航行业发展统计公报，航线里程、航线线路长度按不重复计算口径计算。

附表 1-4　　“十二五”时期邮政网络情况

指　标	2011 年	2012 年	2013 年	2014 年	2015 年
邮政业网点数（万处）	7.8667	9.5572	12.5115	13.7562	18.9
快递服务营业网点（万处）	7.5	8.9	11.8	13.0	18.3
邮政邮路总长度（万公里）	514	586	590	631	638

数据来源：2011—2014 年数据来自国家统计局网站，2015 年数据来自 2015 年邮政行业发展统计公报。

附表 1-5　　“十二五”时期客运量情况

单位：亿人

指　标	2011 年	2012 年	2013 年	2014 年	2015 年
总　计	352.6	380.4	212.3	220.9	194.3
铁路	18.6	18.9	21.1	23.6	25.3
公路	328.6	355.7	185.3	190.8	161.9
水运	2.5	2.6	2.4	2.6	2.7
民航	2.9	3.2	3.5	3.9	4.4

数据来源：2011—2014 年数据来自国家统计局年度数据，2015 年数据来自 2015 年国民经济和社会发展统计公报。

附表 1-6　　“十二五”时期旅客周转量情况

单位：亿人公里

指　标	2011 年	2012 年	2013 年	2014 年	2015 年
总　计	30984.0	33383.1	27571.7	30097.4	30047.0
铁路	9612.3	9812.3	10595.6	11604.8	11960.6
公路	16760.3	18467.6	11250.9	12084.1	10742.7
水运	74.5	77.5	68.3	74.3	73.1
民航	4537.0	5025.7	5656.8	6334.2	7270.7

数据来源：2011—2014 年数据来自国家统计局年度数据，2015 年数据来自 2015 年国民经济和社会发展统计公报。

附表 1-7　　“十二五”时期民航旅客运输量情况

指　标	2011 年	2012 年	2013 年	2014 年	2015 年
民用航空旅客运输量（亿人）	2.9	3.2	3.5	3.9	4.36
国际航线旅客运输量（万人）	2118.1	2335.8	2654.8	3155.0	4205
国内航线旅客运输量（亿人）	2.72	2.96	3.27	3.60	3.94
民航机场旅客吞吐量（万人次）	62053.7	67977.2	75430.9	83153.3	91477.3

数据来源：2011—2014 年数据来自国家统计局年度数据，2015 年民航机场旅客吞吐量数据来自全国机场生产统计公报。

附表 1-8 “十二五”时期货运量情况

单位：亿吨

指　标	2011 年	2012 年	2013 年	2014 年	2015 年
总　计	369.7	410.0	409.9	438.7	417.1
铁路	39.3	39.0	39.7	38.1	33.6
公路	282.0	318.8	307.7	333.3	315.0
水运	42.6	45.9	56.0	59.8	61.4
民航	0.056	0.055	0.056	0.059	0.063
管道	5.7	6.2	6.5	7.4	7.1

数据来源：2011—2014 年数据来自国家统计局年度数据，2015 年数据来自 2015 年国民经济和社会发展统计公报。

附表 1-9 “十二五”时期货物周转量情况

单位：亿吨公里

指　标	2011 年	2012 年	2013 年	2014 年	2015 年
总　计	159323.6	173804.5	168013.8	185837.4	177400.7
铁路	29465.8	29187.1	29173.9	27530.2	23754.3
公路	51374.7	59534.9	55738.1	61016.6	57955.7
水运	75423.8	81707.6	79435.7	92774.6	91344.6
民航	173.9	163.9	170.3	187.8	207.3
管道	2885.4	3211.0	3495.9	4328.3	4138.8

数据来源：2011—2014 年数据来自国家统计局年度数据，2015 年数据来自 2015 年国民经济和社会发展统计公报。

附表 1-10 “十二五”时期民航货运情况

单位：万吨

指　标	2011 年	2012 年	2013 年	2014 年	2015 年
民用航空货邮运输量	557.0	545.0	561.0	594.0	629.3
国际航线货邮运输量	178.04	156.52	154.53	168.43	186.8
国内航线货邮运输量	379.44	388.52	406.72	425.67	442.4
民航机场货邮吞吐量	1157.8	1199.4	1258.5	1356.1	1409.4

数据来源：2011—2014 年数据来自国家统计局年度数据，2015 年民航机场货邮吞吐量数据来自全国机场生产统计公报，货邮运输量数据来自历年民航行业发展统计公报。

附表 1-11 “十二五”时期快递服务企业业务情况

指 标	2011 年	2012 年	2013 年	2014 年	2015 年
快递服务企业业务量（亿件）	36.7	56.9	91.9	139.6	206.7
年增长率（%）	57.0	54.8	61.6	51.9	48.1
邮政业务总量（亿元）	1607.7	2036.8	2725.1	3696.1	5078.7
年增长率（%）	25.0	26.7	33.8	35.6	37.4
同城快递业务量（亿件）	8.2	13.1	22.9	35.5	54
异地快递业务量（亿件）	27.3	41.9	66.4	100.9	148.4
国际及港澳台快递量（万件）	1.3	1.8	2.6	3.3	4.3
快递业务收入（亿元）	758.0	1055.3	1441.7	2045.4	2769.6

数据来源：2011—2015 年国家邮政局统计公报。

附表 1-12 “十二五”时期港口生产情况

指 标	2011 年	2012 年	2013 年	2014 年	2015 年
全国港口完成货物吞吐量（亿吨）	100.4	107.8	117.7	124.5	127.5
年增长率（%）	12.4	7.3	9.2	5.8	2.4
其中：沿海（亿吨）	63.6	68.8	75.6	80.3	81.47
年增长率（%）	12.7	8.2	9.9	6.2	1.4
内河（亿吨）	36.8	39.0	42.1	44.2	46.03
年增长率（%）	12.0	5.9	7.9	5.1	4.2
全国港口完成外贸货物吞吐量（亿吨）	27.9	30.6	33.6	35.9	36.6
年增长率（%）	11.4	9.7	9.9	6.9	2.0
其中：沿海（亿吨）	25.4	27.9	30.6	32.7	33.0
年增长率（%）	11.2	9.5	9.7	6.9	1.0
内河（亿吨）	2.4	2.7	3.0	3.2	3.6
年增长率（%）	13.8	12.0	11.8	6.8	12.2
全国港口完成集装箱吞吐量（亿吨）	1.6	1.8	1.9	2.0	2.1
年增长率（%）	12.0	8.4	7.2	6.4	4.5
其中：沿海（亿吨）	1.5	1.6	1.7	1.8	1.9
年增长率（%）	11.3	8.0	7.4	7.1	4.0
内河（亿吨）	0.1736	0.1950	0.2053	0.2066	0.2249
年增长率（%）	18.3	12.3	5.3	0.6	8.9

数据来源：2011 年、2012 年数据来自公路水路交通运输行业发展统计公报，2013—2015 年数据来自交通运输行业发展统计公报。

附录二
重要文件

附录 2.1

国家发展改革委关于当前更好发挥交通运输支撑引领经济社会发展作用的意见

发改基础〔2015〕969 号

各省、自治区、直辖市及计划单列市、新疆生产建设兵团发展改革委：

交通运输是国民经济重要的基础产业，对经济社会发展具有战略性、全局性影响。当前我国经济发展进入新常态，稳增长、调结构、促改革、惠民生、防风险任务繁重。为贯彻落实党中央、国务院工作部署，更好地发挥交通运输在经济社会发展中的支撑引领作用，使交通真正成为发展的先行官，现提出以下意见。

一、全面认识交通运输发展形势

“十二五”以来，我国交通运输持续快速发展，初步形成以“五纵五横”为主骨架的综合交通运输网络，运输能力大幅提升，服务质量显著提高，技术装备快速升级，体制改革加快推进，节能减排成效显现，交通安全形势稳定向好，总体适应经济社会发展要求。但是，也存在一些系统性和结构性问题，如发展方式较为粗放、资源配置不尽合理、部分领域和环节存在短板、创新驱动能力不足、管理体系不够完善等，难以适应新形势下的新要求。

新常态下我国经济发展转入中高速增长，产业结构调整步伐加快，运输需求规模和结构都将发生重大变化，个性化、多样化需求日益增多。统筹“四大板块”，实施“三大战略”，要求重点区域交通加快发展，取得突破。推进以人为核心的新型城镇化，要求构建城市群和都市圈交通网络。全面建成小康社会，要求完善交通基本公共服务和交通安全保障体系。全面深化改革，要求深入推进交通运输体制改革，释放市场活力。综合国际国内两个市场、两种资源，要求加快交通“走出去”步伐。推进绿色低碳发展，要求加快转变交通发展方式。

为适应和引领新常态，要打破传统模式的惯性思维，及时响应新的生产方式、新的业态模式和新的战略需求，促进交通运输由“跟跑型”向“引领型”转变，通过加快补短板促进区域协调发展，通过优化布局引导经济结构调整，通过加大投资力度服务稳增长稳投资，通过提高服务水平适应多样化运输需求。

二、创新交通运输发展思路

（一）指导思想。高举中国特色社会主义伟大旗帜，以邓小平理论、“三个代表”重要思想、科学发展观为指导，深入贯彻习近平总书记系列重要讲话精神，按照“四个全面”战略布局，围绕实施国家重大战略，立足当前经济工作重心，着眼“十三五”谋篇布局，加快交通现代化进程，以交通重大项目为依托，创新体制机制，吸引社会资本增加投入，扩大基础设施有效投资，促进交通运输提质增效升级，为扩内需、稳增长发挥更加积极的作用。

（二）基本原则。规划指导、落实项目，加强统筹规划和科学论证，围绕解决薄弱环节和“瓶颈”制约，加快推进前期工作，开工建设一批重大项目。需求导向、培育亮点，积极应对市场变化，拓展交通发展新领域，更好地满足多样化运输需求。改革创新、激发活力，优化政府投资，改善政策环境，有效撬动社会资本，保持交通投资稳定增长。

三、加强交通规划设计

（三）加强长远发展谋划。开展中长期铁路网规划（2030 年）修编工作，论证规划研究项目的建设可能、建设时机，补充重大干线项目，完善高速铁路网络，推进铁路分层规划、分类建设。开展全国民用运输机场布局规划（2030 年）修编工作，研究新增机场布局原则与方案，构建规模适当、结构合理、层次清晰、功能完善的民用机场体系。适时启动中国现代交通发展战略（中国交通 2050）研究。

（四）支撑国家重大战略实施。组织编制“一带一路”综合交通布局规划、京津冀协同发展交通一体化规划、城镇化地区综合交通网规划，组织实施长江经济带综合立体交通走廊规划，率先实施交通重大标志性工程，增强对区域协调发展的战略支撑力。

（五）做好“十三五”交通规划。围绕形成国内国际通道联通、区域城乡覆盖广泛、枢纽节点功能完善、运输服务一体高效的现代交通运输体系，明确规划目标、重点任务和三年行动计划，推动建设广覆盖的基础运输网、高品质的快速运输网和专业化的货物运输网，部分地区和领域率先实现交通运输现代化。

（六）加强交通项目建设规划。各地要重视和做好城市轨道交通建设规划、城市群区域城际铁路建设规划等编制报送工作，我委将及时组织审核。请各地按照规划确定的建设时序和规模，及时批复项目并启动建设，项目基本方案、工程投资、建设年限等约束性内容原则上不得变更。

（七）建立健全重大项目库。按照“建设一批、启动一批、储备一批”的原则，建立重大项目库，并根据需要从各地项目中及时优选、滚动调整和补充。我委将会同有关方面认真组织，加强协调，统一调度，狠抓落实，确保项目库中项目顺利推进。今后我委中央预算内投资安排交通项目原则上在项目库中选择。

四、加快实施交通重大项目

（八）积极推进“三大战略”重大项目。

“一带一路”交通走廊。推进互联互通交通基础设施建设。依托京津冀、长江三角洲、珠江三角洲，以沿海港口为节点，构建海上丝绸之路走廊。

京津冀协同发展交通一体化。加快北京新机场建设，推进北京至霸州铁路、北京新机场轨道交通快线等配套工程；建设北京至唐山城际铁路，规划研究天津至石家庄、天津至承德铁路，打造“轨道上的京津冀”；建设首都地区环线高速公路，开工国家高速公路“断头路”，改造普通国道“瓶颈路段”。

长江经济带综合立体交通走廊。推进黄金水道系统治理，开工建设南京以下12.5米深水航道二期工程，加快建设荆江河段航道整治工程，研究三峡水运新通道建设方案，推进长江船型标准化，加强沿江港口集疏运体系建设，重点解决“最后一公里”问题。研究建设沿江高速铁路，建设商丘经合肥至杭州、徐州至盐城等铁路，香格里拉至丽江、六盘水至威宁（黔滇界）等公路。实施武汉、长沙、重庆、贵阳机场扩建，建设成都新机场。

（九）加快建设中西部（含东北）交通重大项目。加快中西部干线铁路、普通国省干线公路、支线机场以及西部干线机场建设，重点加强进出疆、出入藏公路和铁路建设。在原有规划通道基础上，建设中西部与东部地区对角连接新通道，沟通西南至华北地区、西北至东南地区。加强中西部地区新通道建设，研究将西北北部出海大通道和沿江综合运输大通道向西延伸。

（十）推进实施新型城镇化重大项目。统筹考虑城镇化地区各种交通运输方式合理分工和布局，线网布局最大程度连接城市群区域主要城镇，提供快速度、公交化、大容量运输服务，更好地满足沿线密集客流需求。加快推进长江三角洲、珠江三角洲、长江中游城市群城际铁路骨干网络建设，推进其他城市群区域城际铁路、高速公路建设。加强中小城市和小城镇与交通干线、交通枢纽的衔接，提升公路技术等级、通行能力和铁路覆盖率。

（十一）加强改善民生重大项目。

农村交通项目。实施扶贫开发超常规政策举措，加强贫困地区特别是集中连片特困地区农村交通建设。加快推进建制村通沥青（水泥）路，加强农村公路安保工程建设，强化农村渡口改造和溜索改桥。加强邮政基础设施建设，提升邮政普遍服务能力。

城市绿色交通项目。发展多种形式的大容量公共交通，改善慢行交通设施条件，构建以公共交通为主的城市交通出行系统。提升公共交通装备水平，鼓励新能源车辆应用，加快老旧车辆更新淘汰。加强交通综合管理，有效调控、合理引导个体机动化交通需求，倡导绿色出行。

五、积极培育新的增长点

（十二）合理发展城市轨道交通。按照国家批准规划积极稳妥推进城市轨道交通项目建设，鼓励具备条件的城市启动编制地面或高架敷设为主的轻轨系统规划，逐步优化大城市轨道交通结构。积极发展现代有轨电车。

（十三）鼓励开行市郊快铁。推动国有铁路按照市场化原则向社会资本开放“路权”，鼓励城市政府与铁路企业合作，充分利用既有铁路、站点资源，采用政府购买服务等方式，开行市域（郊）快铁。年内在北京、上海、广州、武汉、郑州等铁路客运枢纽，增加市域（郊）快铁开行对数，并选择新的线路进行试点。

（十四）研究建设货运机场。鼓励快递物流企业、航空公司等各类企业投资建设和运营专业化货运机场，打造具有综合竞争力的航空物流枢纽，提高物流效率与组织水平，促进物流新业态健康发展。

（十五）大力发展通用航空。加快落实国务院、中央军委《关于深化我国低空空域管理改革的意见》，逐步有序放开低空空域，建立完善通用航空设施、保障和服务体系，提升通航飞行器制造水平，促进通用航空产业发展。

（十六）加快建设城市停车场。加快制定国家层面的指导意见，采取有效措施和政策，鼓励引导社会资本投资建设立体停车场，同时配建电动汽车充电位；在北京、杭州、郑州等已出台相关政策的城市加快推进落实，率先取得示范效应。

（十七）优化衔接城市内外交通。改扩建城市道路、立交桥，采用交通控制、运输组织等手段，缓解大城市对外干线公路与城市道路衔接路段拥堵状况，尽快消除“进出城难”问题。加快建设铁路枢纽货运外绕线。

（十八）全面推进交通智能化。实施交通“互联网＋”行动计划，研究建设新一代交通控制网工程。建设多层次综合交通公共信息服务平台、票务平台、大数据中心，逐步实现综合交通服务互联网化。实施区域“一卡通”工程，建立交通基础设施联网监控系统，加快推进高速公路不停车联网收费系统（ETC）建设。

（十九）改造升级运输装备。根据运输市场需求，鼓励运输企业更新和增购城市地铁车辆、高速铁路动车组、货运飞机等运输装备，增强运输能力，提高服务水平。

六、满足多样化运输需求

（二十）推动实现联程联运。推进交通基础设施、运输装备的标准化，以综合交通枢纽为载体，加强设施一体化和运营组织衔接，推进集装箱铁水联运，建设舟山江海联运服务中心，推行客运“一票式”和货运“一单制”联程服务，方便旅客出行，提高货运效率。

（二十一）统筹发展临空临港经济。依托大型机场、港口、铁路枢纽建设，促进临空、临港经济发展，在部分城市开展试点示范，逐步完善配套政策。尽快编制完成《北京新机场临空经济区规划》，引导疏解北京部分产业、人口和交通需求，优化提升首都核心功能，促进天津、河北经济转型升级。以上海、广东、天津、福建自由贸易试验区为重点，提升临港产业发展水平，延伸和拓展产业链。

（二十二）有序发展高铁经济。干线铁路建设要与城市规划衔接，线路、车站工程与周边土地综合开发同步规划、设计，具备条件的同步开工建设，发展通道经济，引导城市空间布局调整。铁路企业可与沿线政府建立利益共享和风险分担机制，在新建铁路项目开展综合开发试点，根据车站建设规模和功能相应配套土地进行综合开发，开发收益回馈铁路建设。

（二十三）提升加强铁路集装箱运输。加强疏港铁路建设，加快推进铁路集装箱中心站建设，完善配套设施设备，优化铁路集装箱运输调度与管理。有序推进中欧铁路集装箱班列发展，带动沿线城市国际合作水平，改善产业发展环境。

（二十四）支持引导快递快运发展。加快快递园区和转运中心建设，完善末端物流投递网络，推动配送网络下沉至乡村。完善政策、规范管理，推动快递快运装备、技术、服务标准化，加强运营安全监管。鼓励快递快运与制造业、电子商务等产业融合发展，充分利用现代信息技术，打造“互联网＋快递快运”发展新模式。

七、深化体制机制改革

（二十五）继续推进行政审批制度改革。我委正在研究进一步取消和下放核准、审批事项，并简化保留事项的办理程序，在取消和下放审批权限的同时，坚持放管结合、权责一致。各地要加强能力建设，真正做到接住管好，及时将重大项目审批、建设、投资安排、形象进度和存在问题等信息按要求在线报送我委。我委将加强事中事后监管，建立健全有效监管机制，做好跟踪监测和检查稽查，适时开展评估工作，对规划实施中存在的困难将主动协调解决，对发现的严重违规行为将予以惩戒。

（二十六）推广政府与社会资本合作模式（PPP）。根据交通基础设施网络性强、初期投入大、回收期长等特点，对交通 PPP 项目实施加强指导。探索采用网运分离、放开竞争性业务等思路，综合考虑投资成本、价格变动、服务质量、规划调整等因素，清晰界定项目投资风险边界，采取特许经营、购买服务、股权合作等多种形式，给社会资本清晰的参与路径、合理的投资回报预期，切实推动 PPP 项目落地。在北京、广东、上海、湖北等地，选取交通示范项目，制定实施方案，力争年内取得务实进展，我委研究安排中央预算内投资给予支持。

（二十七）完善交通运输发展基金等政策。研究进一步支持铁路发展基金的相关政策。研究改革政府专项建设资金使用方式，对经营性项目由直接投资项目改为与社会资本共同设立交通投资基金，降低社会资本投资风险，改善投资预期，放大政府投资效应，优先投资国家重大项目。研究设立长江经济带交通发展基金，支持区域交通建设。各地可借鉴京津冀地区建立城际铁路投资协同机制、江西省设立铁路产业投资基金等做法，研究出台投资、土地等优惠政策，鼓励民间资本设立交通产业投资基金，投资城际铁路等资产界面清晰的项目。允许符合条件的、以新建项目设立的企业为主体发行项目收益债，支持交通重大项目发行永续期债券。规范和清理交通运输领域收费，减轻运输企业经营负担。

（二十八）充分发挥政府资金引导作用。我委将加大中央预算内投资对交通基础设施，特别是“三大战略”交通重大项目建设的支持力度，重点投向中西部铁路、城际铁路、长江等内河高等级航道、中西部支线机场和西部干线机场等重大项目。各地要按照事权划分，财政性资金向城际铁路、城市轨道交通、普通国省道、农村公路、机场等领域倾斜，同时做好干线铁路等项目建设资金配套。

八、健全纵横协同联动机制

（二十九）加强部门协调配合。我委将及时组织召开协商会议和专题会议，每月召开联络员碰头会进行工作调度，主动协调解决工程方案、资金筹措、征地拆迁等重点难点问题，会同环保、国土等部门建立“绿色通道”，最大程度地缩短审批时间。对重大项目，我委将商请相关金融机构等在贷款融资等方面给予优先支持。

（三十）强化系统上下联动。我委将与各地发改部门加强联合调研、合作分析、信息共享、专题研讨和业务培训，凝聚系统共识，树立一盘棋思想，加快推进定位转型，调适理念、调适政策、调适方法，形成系统合力，共同推进交通重大战略、重大规划、重大项目、重大改革、重大政策制定和实施。

请各地发改部门进一步提高认识，加强组织领导，制定贯彻落实本意见的行动计划，及时总结经验，提出意见建议。我委将会同有关部门加强指导、协调和服务，共同推动各项任务顺利完成。

国家发展改革委
2015 年 5 月 7 日

附录2.2

关于进一步鼓励和扩大社会资本投资建设铁路的实施意见

发改基础〔2015〕1610号

各省、自治区、直辖市、新疆生产建设兵团发展改革委、财政厅、国土资源厅，中国铁路总公司，有关计划单列企业：

铁路是国民经济大动脉和关键基础设施，加快推进铁路建设，对稳增长、调结构、惠民生具有重要意义。吸引社会资本进入是深化铁路投融资体制改革、加快铁路建设的重要举措。为贯彻落实党的十八大和十八届三中、四中全会精神，按照《国务院关于改革铁路投融资体制加快推进铁路建设的意见》（国发〔2013〕33号）、《国务院关于创新重点领域投融资机制鼓励社会投资的指导意见》（国发〔2014〕60号）及《国家发展改革委关于当前更好发挥交通运输支撑引领经济社会发展作用的意见》（发改基础〔2015〕969号）的有关要求，进一步鼓励和扩大社会资本对铁路的投资，拓宽投融资渠道，完善投资环境，合理配置资源，促进市场竞争，推动体制机制创新，促进铁路事业加快发展，现提出以下实施意见：

一、全面开放铁路投资与运营市场

（一）积极鼓励社会资本全面进入铁路领域，列入中长期铁路网规划、国家批准的专项规划和区域规划的各类铁路项目，除法律法规明确禁止的外，均向社会资本开放。

（二）重点鼓励社会资本投资建设和运营城际铁路、市域（郊）

铁路、资源开发性铁路以及支线铁路，鼓励社会资本参与投资铁路客货运输服务业务和铁路“走出去”项目。支持有实力的企业按照国家相关规定投资建设和运营干线铁路。

二、推进投融资方式多样化

（三）支持社会资本以独资、合资等多种投资方式建设和运营铁路，向社会资本开放铁路所有权和经营权。

（四）推广政府和社会资本合作（PPP）模式，运用特许经营、股权合作等方式，通过运输收益、相关开发收益等方式获取合理收益。

（五）支持铁路总公司以股权转让、股权置换、资产并购、重组改制等资本运作方式盘活铁路资产，广泛吸引社会资本参与，扩大铁路建设资金筹集渠道，优化存量资产结构。

（六）拓宽铁路发展基金吸引社会资本的渠道，扩大基金募集规模。按照特事特办的原则，支持通过设立专项信托计划和公募基金产品募集铁路发展基金，各类社会资金和基金投资铁路发展基金，按照约定获得合理稳定回报。

三、完善社会资本投资的实施机制

（七）做好项目遴选和公布。根据经济社会发展需要和规划要求，各级发展改革部门做好项目储备和筛选工作，及时向社会公开发布项目信息，优先推荐市场前景较好、投资预期收益较稳定的铁路项目。对社会资本提出的规划外项目，在科学论证的基础上，积极推进项目前期工作，并研究纳入相关规划。

（八）公开透明选择投资主体。通过招标、竞争性谈判等多种竞争方式，公平择优确定融资实力较强、信用状况良好、具备相关专业能力的投资主体。各地向社会公开发布投资主体选择公告，按照相关法律法规，依法确定投资主体。社会资本投资铁路项目根据国务院投融资体制改革的相关规定，按国家基本建设程序组织建设。

（九）明确实施机构及责任。地方引进社会资本的实施机构应是省级人民政府授权的相关部门、事业单位等机构，在授权范围内负责工程前期研究、项目实施方案编制、投资主体选择、项目合同签订、项目组织实施等工作。跨省（区、市）项目由相关省（区、市）协商确定实施机构。项目实施方案重点包括社会资本投资形式、投资主体基本条件、建设运营标准、监管要求、项目投资回报机制、投资主体选择方式、项目合同条款、项目风险、退出机制等内容。实施方案经过评估和批准后，作为投资主体选择和项目实施的重要依据，必要时应充分听取社会公众和专家意见。

（十）健全风险防范和监督机制。省级政府相关部门和投资者要对项目可能产生的政策风险、商业风险、环境风险、法律风险等进行充分分析，完善合同设计，建立健全纠纷解决、风险防范和监督机制。各地要根据财力状况，合理确定政府参与方式，防范政府债务风险。

（十一）完善退出机制。明确社会资本退出条件，按照有关法律和约定，为社会资本提供多元化、规范化、市场化的退出渠道，保障社会公共利益和经营者合法权益不受侵害。对涉及资产移交的政府和社会资本合作（PPP）项目在合作期满后，要按照合同约定的移交形式、移交内容和移交标准，及时组织开展项目验收、资产交割等工作，妥善做好项目移交。

（十二）加强后评价和绩效评价。实施机构定期组织开展社会资本投资铁路项目后评价和绩效评价，从安全、服务、效率等方面建立健全评价体系。评价结果可以作为政府加大支持和完善监管的依据，激励社会资本不断改善管理，推进技术创新，提高服务水平。

四、进一步改善社会资本投资环境

（十三）切实保障社会资本合法权益。按照相关法律法规，维护企业平等的市场主体地位。依法保障企业自主决策权，不干预企业在勘察设计、工程招投标、项目施工、设备采购等建设过程中的正常活动。支持企业自主选择合适的运输管理方式，有条件的可实行管内自主运输调度。鼓励不同投资主体按照平等互利的原则相互开放各类铁路资源，实现路网资源共享。对按规定实行市场调节价的铁路项目，由企业根据市场供求和竞争状况自主制定具体运价水平。

（十四）依法履行投资经营权利和义务。社会资本应按现代企业制度要求，完善企业法人治理结构。严格按照基本建设程序，履行项目法人责任。依法承担安全、质量和环境责任，按照国家关于铁路运输服务、运输调度等相关规定，切实履行运输企业社会责任和公共服务义务，服从国家应急调度和管理。

（十五）进一步改善国铁服务。铁路总公司要抓紧完善清算体系，公开清算规则，健全清算平台，向社会资本开放相关设施，积极提供技术支持、人才培养和管理服务，实现线路使用、车站服务、技术作业、设施设备维护、委托运输等各类铁路社会化服务项目的内容和收费标准公开透明，切实维护社会资本合法权益。

（十六）规范和简化国铁接轨手续。铁路总公司要进一步规范和简化接轨审核相关程序和手续，明确办理时限，积极支持社会资本投资铁路与国铁接轨。要按照公开公平的原则，在项目实施前与接轨企业及时协商确定接轨相关工程技术方案，签订接轨意向协议，明确接轨验收标准。合理界定接轨工程范围和资产界面，因接轨引起的相关改造工程投资，应明确分担标准，由双方平等协商，合理分担。

（十七）加强市场监管。国家铁路局加强对运输秩序的监管，探索建立市场化清算和争议协调、仲裁机制。各企业要按照合法、公平、诚信的原则，合理收取服务费用，自觉规范价格行为。各级价格主管部门加强对各类社会化服务项目和收费标准的监管，规范收费行为，依法查处价格违法行为，维护市场正常价格秩序。

五、加大对社会资本投资的政策支持

（十八）推动实施土地综合开发。社会资本投资铁路享受国家有关支持铁路建设实施土地综合开发的政策，通过开发铁路用地及站场毗邻区域土地、物业、商业、广告等资源提高收益。支持盘活既有铁路用地，在符合土地利用总体规划的前提下，鼓励新建项目按照一体规划、联动供应、立体开发、统筹建设的原则实施土地综合开发。各地要统筹做好铁路站场及毗邻地区相关规划，及时办理用地、规划许可等手续。

（十九）积极做好征地拆迁等工作。对社会资本投资的铁路项目，各地要切实负起征地拆迁主体责任，做好群众补偿安置工作，为项目建设创造良好条件。在保障被征地拆迁群众合法权益的基础上，允许地方政府以国有土地入股参与铁路项目建设。社会资本投资的铁路项目用地，在用地政策上与政府投资的铁路项目实行同等政策。

（二十）加强政府资金引导。对社会资本控股的城际铁路和中西部干线铁路项目，中央预算内投资可以视情况通过贷款贴息、投资补助等方式给予支持。对社会资本承担的公益性运输，按照事权与支出责任相适应的原则，建立合理的补偿制度。鼓励各地研究建立相应的政府资金支持政策。

（二十一）创新金融服务。鼓励金融机构按照商业可持续、风险可控原则支持社会资本投资铁路项目建设。鼓励金融机构为社会资本投资铁路项目创新担保方式，支持利用采矿权、特许经营权等进行担保贷款，积极探索利用铁路运输、土地综合开发等预期收益进行质押贷款。发挥政策性和开发性金融机构的作用，加大对符合条件的政府和社会资本合作（PPP）项目的信贷支持力度，为项目提供长期、稳定、低成本的资金支持。

（二十二）促进债权和股权融资。支持符合条件的企业通过发行企业债券、公司债券和债务融资工具等方式筹措铁路建设资金。允许符合条件的、以新建项目设立的企业为主体发行项目收益债，支持重大项目发行可续期债券。鼓励社会资本投资铁路的企业通过IPO（首次公开发行股票并上市）、增发、资产证券化等方式筹集资金用于铁路建设。

（二十三）实行税收优惠。社会资本投资的铁路项目符合《公共基础设施项目企业所得税优惠目录》规定条件的，自项目取得第一笔生产经营收入所属纳税年度起，第一年至第三年免征企业所得税，第四年至第六年减半征收企业所得税。

（二十四）加大配套外部电源建设。电网企业要积极支持社会资本投资的铁路建设，参照国家铁路配套外部电源建设的办法，通过电气化铁路还贷电价政策补偿电网投资。

六、建立健全工作机制

（二十五）进一步加快项目核准。深化行政审批制度改革，优化审核流程，推进建立并联审批机制和在线审批平台，明确咨询评估和核准时限，开辟绿色通道，加快核准进度。对于法律、法规没有明确规定作为项目审批前置条件的行政审批事项，一律不再作为前置审批。

（二十六）加强事中事后监管。国家铁路局要强化安全、质量等监督管理，依法开展检查、验收和责任追究，切实维护公众利益和公共安全。各有关部门要加强对项目建设、运营和相关经营活动的监督管理，规范行政许可，维护公平竞争秩序，建立健全社会资本投资铁路市场信用记录。

（二十七）充分发挥协商机制作用。国家发展改革委会同相关部门依托铁路投融资改革和建设项目前期工作协商会议制度，形成工作合力，及时研究推动社会资本投资铁路建设工作。近期重点推进蒙西至华中、长春至西巴彦花铁路等引进社会资本的示范项目实施。

（二十八）做好项目跟踪服务。各级发展改革部门要进一步增强对社会资本投资铁路项目的服务意识，协调矛盾解决问题。要建立信息平台，加强跟踪指导，掌握项目进展，及时沟通信息。做好舆论引导，营造良好氛围。

国家发展改革委
财　　政　　部
国 土 资 源 部
银　　监　　会
国 家 铁 路 局
2015 年 7 月 10 日

附录 2.3

关于加强城市停车设施建设的指导意见

发改基础〔2015〕1788 号

各省、自治区、直辖市及计划单列市、新疆生产建设兵团发展改革委，财政厅，国土资源厅，住房城乡建设厅（委）、规划委（局）、交通运输厅（委）、公安厅（局）：

随着城镇化的快速发展，居民生活水平不断提升，城市小汽车保有量大幅提高，停车设施供给不足问题日益凸显，挤占非机动车道等公共资源，影响交通通行，制约了城市进一步提升品质和管理服务水平。吸引社会资本、推进停车产业化是解决城市停车难问题的重要途径，也是当前改革创新、稳定经济增长的重要举措。为此，特制定本指导意见。

一、总体思路。立足城市交通发展战略，统筹动态交通与静态交通，着眼当前、惠及长远，将停车管理作为交通需求管理的重要手段，适度满足居住区基本停车和从严控制出行停车，以停车产业化为导向，在城市规划、土地供应、金融服务、收费价格、运营管理等方面加大改革力度和政策创新，营造良好的市场化环境，充分调动社会资本积极性，加快推进停车设施建设，有效缓解停车供给不足，加强运营管理，实现停车规范有序，改善城市环境。

二、基本原则。坚持市场运作，通过政府规划引导、政策支持，按照市场化经营要求，以企业为主体加快推进停车产业化；坚持改革创新，完善管理体制机制，探索多种合作模式，有效吸引社会资本；坚持集约挖潜，鼓励既有停车资源的开放共享，有效利用、充分发掘城市地上和地下空间资源，建设立体停车设施；坚持建管同步，完善路内停车泊位管理，提升停车信息化水平，加强违法行为治理。

三、科学编制规划。各地依据城市总体规划和综合交通体系规划，以配建停车为主体、路外公共停车为辅助、路内停车为补充，采用差别化的停车供给策略，修订城市建筑物配建停车泊位标准，组织编制停车设施专项规划，并及时纳入城市用地控制性详细规划，做好用地管控。规划需统筹城市功能分区的区位特征、用地属性、公共交通发展等状况，合理测算停车需求，明确阶段性适应目标，优化设施布局，制定近期实施方案，建立项目库，并及时公布。

四、明确建设重点。以居住区、大型综合交通枢纽、城市轨道交通外围站点（P+R）、医院、学校、旅游景区等特殊地区为重点，在内部通过挖潜及改造建设停车设施，并在有条件的周边区域增建公共停车设施。鼓励建设停车楼、地下停车场、机械式立体停车库等集约化的停车设施，并按照一定比例配建电动汽车充电设施，与主体工程同步建设。

五、鼓励社会参与。通过各种形式广泛吸引社会资本投资建设城市停车设施，大力推广政府和社会资本合作（PPP）模式；鼓励企事业单位、居民小区及个人利用自有土地、地上地下空间建设停车场，允许对外开放并取得相应收益。

六、放宽市场准入。各地相关部门完善市场准入制度，降低停车设施建设运营主体和投资规模的准入标准。企业和个人均可申请投资建设公共停车场，原则上不对泊位数量做下限要求。改革停车设施投资建设、运营管理模式，消除社会参与的既有障碍。

七、简化审批程序。各城市相关部门要深化行政审批制度改革、简政放权、转变职能、主动服务，简化投资建设、经营手续办理程序，提高工作效率，按照规定办理时限和程序完成项目业主或投资主体提出的停车设施建设项目的审批（或核准）；对于小型或利用自有土地建设的停车场，鼓励实行备案制。各地最大程度地减免停车设施建设运营过程中涉及的行政事业性收费。

八、加强公共用地保障。各地做好用地保障，中心城区功能搬迁等腾出的土地应规划一定比例预留用于停车设施建设；符合《划拨用地目录》的，可以划拨方式供地；不符合《划拨用地目录》、同一地块上只有一个意向用地者的，可以协议出让方式供地。

九、盘活存量土地资源。对企事业单位、居民小区、个人利用自有出让土地建设停车设施，规划部门要充分考虑停车需求的合理性，办理用地性质和容积率等规划调整手续。鼓励利用公共设施地上地下空间、人防工程等地下空间建设停车设施，增强土地的复合利用。相关部门分层办理规划和土地手续，投资建设主体依据相关规定取得停车设施的产权。

十、创新投融资模式。利用公共资源建设停车设施，鼓励采用政府和社会资本合作（PPP）模式，政府投入公共资源产权，与社会资本共同开发建设，采用放弃一定时期的收益权等形式保障社会资本的收益；允许在不改变土地用途和使用权人的前提下将部分建筑面积用作便民商业服务设施，收益用于弥补停车设施建设和运营资金不足。

十一、加大金融支持力度。加快推动投资主体发行停车场建设专项债券；研究设立引导停车设施建设专项产业投资基金；充分发挥开发性金融作用，鼓励金融机构、融资租赁企业创新金融产品和融资模式提供支持。

十二、完善停车收费政策。充分发挥价格杠杆的作用，逐步缩小政府定价范围，全面放开社会资本全额投资新建停车设施收费。

对政府和社会资本合作建设停车设施，要统筹考虑财政投入、社会承受能力等因素，遵循市场规律和合理盈利原则，由投资者按照双方协议确定收费标准。对于路内停车等纳入政府定价范围的停车设施，健全政府定价规则，根据区位、设施条件等推行差别化停车收费。

十三、提升装备制造水平。支持国内停车装备制造企业自主创新，鼓励行业联盟等形式开展技术研发，逐步提升核心装备国产化水平；将停车产业纳入高端装备制造业清单，给予相关政策优惠，打造自主装备品牌；将停车装备制造企业产品质量、售后服务等纳入企业诚信体系，及时记录不良经营行为；积极引导自主品牌走出去，实现停车产业优势产能输出。

十四、推动停车智能化信息化。各地加快对城市停车资源状况摸底调查，建立停车基础数据库，实时更新数据，并对外开放共享；促进咪表停车系统、智能停车诱导系统、自动识别车牌系统等高新技术的开发与应用；加强不同停车管理信息系统的互联互通、信息共享，促进停车与互联网融合发展，支持移动终端互联网停车应用的开发与推广，鼓励出行前进行停车查询、预订车位，实现自动计费支付等功能，提高停车资源利用效率，减少因寻找停车泊位诱发的交通需求。

十五、加强停车综合治理。各地同步完善停车场周边市政公用设施和停车引导设施；新建或改扩建公共停车场建成营业后，减少并逐步取消周边路内停车泊位，加强违法停车治理，保障公共停车场有效需求，提高收益水平；确保路内等政府停车资源委托经营的公开透明，将收入的一定比例专项用于停车场建设；严格监管停车服务和收费行为，严厉打击无照经营、随意圈地收费等违规经营行为。

十六、加强组织保障。城市人民政府是停车设施规划建设、运营管理的责任主体，要高度重视，鼓励成立专门的停车管理机构，明确部门责任分工，抓好贯彻落实。国务院相关部委结合自身职责，研究出台相应支持政策，加强联动，共同推动停车设施建设管理，保障经济平稳健康发展、人民生活水平持续快速提高。

国家发展改革委
财　　政　　部
国 土 资 源 部
住房城乡建设部
交 通 运 输 部
公　　安　　部
银　　监　　会
2015 年 8 月 3 日

附录 2.4

国家发展改革委关于调整铁路货运价格进一步完善价格形成机制的通知

发改价格〔2015〕183 号

各省、自治区、直辖市发展改革委、物价局，中国铁路总公司，各国铁控股合资铁路公司：

为适应运输市场发展，进一步推动铁路货运价格市场化，积极引导社会资本投入，加快推进铁路建设，决定适当调整铁路货运价格，并建立上下浮动机制，现就有关事项通知如下：

一、国家铁路货物统一运价率平均每吨公里提高 1 分钱，即由现行 14.51 分钱提高到 15.51 分钱，并作为基准价，允许上浮不超过 10%，下浮仍不限。在上述浮动范围内，铁路运输企业可以根据市场供求状况自主确定具体运价水平。调整后的各类货物铁路运输基准运价率见附件 1。

二、磷矿石整车运输调整为执行 2 号运价，农用化肥调整为执行 4 号运价。其他货物品类适用运价号，铁路货物运输计费里程、重量确定办法等计费相关事项，仍按原铁道部《铁路货物运价规则》（铁运〔2005〕46 号）等有关规定执行。

三、大秦、京秦、京原、丰沙大铁路本线运输煤炭（指发、到站均在本线的煤炭）运价率每吨公里同步提高 1 分钱，即由现行 9.01 分钱提高到 10.01 分钱。取消马玉等 3 条铁路本线及跨线货物运输、长荆等 10 条铁路跨线货物运输特殊运价，改为执行调整后的国家铁路货物统一运价。取消特殊运价的铁路详见附件 2。

四、实行特殊运价的国铁线路及国铁控股合资铁路以国家规定的运价为基准价，允许上浮不超过10%，下浮仍不限。在上述浮动范围内，铁路运输企业可以根据市场供求状况自主确定具体运价水平。

五、取消铁路运输企业收取的“大宗货物综合物流服务费”。铁路运输企业要严格执行国家价格政策，建立健全内部运行机制，自觉规范价格行为。不得强制服务、强行收费，或只收费不服务。要认真落实明码标价规定，及时在各营业场所公示调整后的各类货物铁路运输基准运价率。

六、各级价格主管部门要加强对铁路运输价格政策执行情况的监督检查，依法查处违法违规价格行为，维护市场正常价格秩序。

上述措施自2015年2月1日起实行，其中运价上浮政策自2015年8月1日起实行。

国家发展改革委

2015年1月29日

附件1

各类货物铁路运输基准运价率表

办理类别	运价号	基价1		基价2	
		单位	标准	单位	标准
整车	2	元/吨	9.50	元/吨公里	0.086
	3	元/吨	12.80	元/吨公里	0.091
	4	元/吨	16.30	元/吨公里	0.098
	5	元/吨	18.60	元/吨公里	0.103
	6	元/吨	26.00	元/吨公里	0.138
	7			元/轴公里	0.525
	机械冷藏车	元/吨	20.00	元/吨公里	0.140
零担	21	元/10千克	0.220	元/10千克公里	0.00111
	22	元/10千克	0.280	元/10千克公里	0.00155
集装箱	20英尺箱	元/箱	500.00	元/箱公里	2.025
	40英尺箱	元/箱	680.00	元/箱公里	2.754

附件 2

取消特殊运价的铁路

序号	线路名称	起讫点
一、取消本线及跨线货物运输特殊运价的铁路		
1	马玉铁路	马路圩站—玉林站
2	邯济铁路	邯郸南站—晏城北站
3	黎钦铁路	沙江站—马皇站
二、取消跨线货物运输特殊运价的铁路		
1	长荆铁路	长江埠站—荆门站
2	内六铁路豆梅段	豆坝站—梅花山站
3	合九铁路	合肥东站—孔垄站
4	新长铁路	新沂站—长兴南站
5	达成铁路	三汇镇站—龙潭寺站
6	南防铁路	南宁南站—防城港站
7	钦北铁路	钦州站—北海站
8	钦港铁路	钦州东站—钦州港站
9	淄东铁路	淄博站—东营站
10	上铅铁路	上饶站—铅山西站

附录 2.5

关于进一步完善机动车停放服务收费政策的指导意见

发改价格〔2015〕2975 号

各省、自治区、直辖市及计划单列市发展改革委、物价局，住房和城乡建设厅、建委，交通运输厅（局、委）：

随着我国经济社会发展和人民生活水平提高，机动车保有量快速增长，停车设施总量不足、资源配置效率不高等问题日益显现，“停车难”和城市交通拥堵矛盾日渐加剧，制约了人居环境改善和城市可持续发展。根据《中共中央国务院关于推进价格机制改革的若干意见》（中发〔2015〕28 号），为进一步完善机动车停放服务收费形成机制，充分发挥价格杠杆作用，促进停车设施建设，提高停车资源配置效率，推动停车产业优化升级，特制定本意见。

一、指导思想和基本原则

（一）指导思想。全面贯彻党的十八大和十八届三中、四中、五中全会精神，围绕使市场在资源配置中起决定性作用和更好发挥政府作用，建立完善主要由市场决定价格的机动车停放服务收费形成机制，逐步缩小政府定价管理范围，进一步健全政府定价规则，加强市场价格监管，积极发挥价格杠杆对供需关系的调节作用，促进停车设施建设，提高停车资源利用效率，为完善城市功能、便利群众生活营造良好环境。

（二）基本原则。坚持市场取向，依法放开具备竞争条件的停车设施服务收费，逐步缩小政府定价管理范围，鼓励引导社会资本建设停车设施。坚持改革创新，改进政府定价规则和办法，充分发挥价格杠杆作用，合理调控停车需求。坚持放管结合，强化事中事后监管，规范停车服务和收费行为，维护市场正常秩序。

二、健全主要由市场决定价格的停车服务收费形成机制

（三）社会资本全额投资新建停车设施服务收费标准由经营者依法自主制定。除各级人民政府财政性资金、城市建设投资（交通投资）公司投资以外，对其他经济组织（以下简称社会资本）全额投资新建的停车设施，由经营者依据价格法律法规和相关规定，根据市场供求和竞争状况自主制定收费标准。

（四）创新政府与社会资本合作建设停车设施服务收费管理方式。对政府与社会资本合作（PPP）建设停车设施，要通过招标、竞争性谈判等竞争方式选择社会投资者。具体收费标准由政府出资方与社会投资者遵循市场规律和合理盈利原则，统筹考虑建设运营成本、市场需求、经营期限、用户承受能力、政府财力投入、土地综合开发利用等因素协议确定。要建立政府与社会资本共享收益、共担风险的收费标准调整与财政投入协调机制，依据相关法律法规规定和成本、供求变动等因素，及时调整收费标准。

三、推进政府定价管理制度化、科学化

（五）规范政府定价行为。对具有自然垄断经营和公益性特征的停车设施服务收费，需要实行政府定价管理的，要纳入地方定价目录，明确管理权限，规范定价办法和程序，有效约束政府定价行为。对纳入政府定价管理范围的停车设施服务，要综合考虑停车设施等级、地理位置、服务条件、供求关系及社会各方面承受能力等因素确定收费标准。要通过政府网站公布本行政区域范围内实行政府定价管理的停车设施名称、收费标准、收费依据等信息。

（六）加快推行差别化收费。鼓励各地结合实际情况，推行不同区域、不同位置、不同车型、不同时段停车服务差别收费，抑制不合理停车需求，缓解城市交通拥堵，有效促进公共交通优先发展与公共道路资源利用。

对不同区域的停车设施服务收费，要根据停车供需状况差异，并考虑道路路网分布、公共交通发展水平、交通拥堵状况等因素，划分不同区域，实行级差收费。供需缺口大、矛盾突出区域可实行较高收费，供需缺口小、矛盾不突出区域可实行低收费。对城市外围的公共交通换乘枢纽停车设施服务，应当实行低收费。

同一区域停车设施，区分停车设施所在位置、停车时段、车辆类型等，按照“路内高于路外、拥堵时段高于空闲时段”的原则，制定差别化服务收费标准。适当扩大路内、路外停车设施之间的收费标准差距，引导更多使用路外停车设施。对交通场站等场所及周边配套停车设施服务，鼓励推行超过一定停放时间累进式加价的阶梯式收费。要根据不同车型占用停车资源的差别，合理确定停放服务收费标准。鼓励对新能源汽车停车服务收费给予 适当优惠。要合理制定停车服务收费计时办法，逐步缩小计费单位时长，加快推行电子缴费技术，鼓励对短时停车实行收费优惠。

四、规范停车服务收费行为

（七）严格落实明码标价规定。停车设施经营者要严格落实明码标价制度，在经营场所显著位置设置统一标价牌，标明停放服务收费定价主体、收费标准、计费办法、收费依据、投诉举报电话等，广泛接受社会监督。

（八）健全市场价格行为规则。要加强停车服务收费市场行为监管，对交易双方地位不对等的，要通过指导双方制定议价规则、发布价格行为指南等方式，合理引导经营者价格行为，维护市场正常价格秩序。

（九）严厉查处价格违法行为。加强对停车服务收费的监督检查，依法查处不执行政府定价政策，利用优势地位、服务捆绑等强制服务强行收费、只收费不服务、少服务多收费，不执行明码标价规定，不出具和使用规定收费票据，在标价之外收取未予标明的费用等违法违规价格行为，保护消费者合法权益。

五、健全配套监管措施

（十）强化机动车停放服务管理。加强停车服务行业管理，制定完善服务标准和服务规范。充分发挥行业协会作用，依法制定机动车停放服务行为自律规范，引导停车设施经营者合法诚信经营，加强内部管理，自觉规范服务行为，提升停车服务质量。加强对停车设施经营者服务行为的监管，严厉打击无照经营、随意圈地收费等违规经营行为。

（十一）加强诚信体系建设。建立城市停车设施经营者、从业人员信用记录，纳入全国统一的信用信息共享交换平台，并按规定及时在“信用中国”网站上予以公开，对失信行为实施跨部门联合惩戒，逐步建立以诚信为核心的监管机制。

（十二）推进收支信息公开。对向停车泊位收取的城市占道费、经营权有偿使用费等，收取单位要公开相关收支信息，主动接受社会监督。对公益性停车服务设施，要积极研究探索由经营者通过网站等渠道公布收入、资金使用等信息的办法。

各地要高度重视完善机动车停放服务收费政策工作，切实加强组织领导，建立健全工作机制，明确部门职责分工，结合地方定价目录和当地实际情况，抓紧制定、完善本地区机动车停放服务收费管理办法，细化落实各项政策措施。城市人民政府是停车设施规划、建设、管理的责任主体，要科学编制停车设施专项规划，加大政策扶持力度，加快推进停车设施建设，提升停车信息化管理和停车装备制造水平，加强停车综合治理，促进停车产业健康发展。各级价格、住房和城乡建设、交通运输部门要按照各自职责，加强市场监管，建立协同监管机制，形成多层次、全覆盖的监管网络，全面提升监管工作实效。原国家计委下发的《关于印发〈机动车停放服务收费管理办法〉的通知》（计价格〔2000〕933号）自本意见印发之日起废止。

国家发展改革委
住房和城乡建设部
交通运输部
2015年12月15日